鉄道地図は謎だらけ

所澤秀樹

光文社新書

はしがき

あれは私が小学四、五年生ぐらいのころだったと思う。ある日、親に連れられて乗った京浜東北線の車中で、首都圏全域の国鉄線（国電）ネットワークを詳細に記した大きな路線図を見つけたのである。

ドア上の本来なら広告枠がある場所に、その路線図は貼られていた。中央線快速は赤色、山手線は黄緑色、京浜東北線は水色、中央・総武線各駅停車は黄色、横須賀線は青色、東海道本線、東北本線、高崎線は橙色と、各線が綺麗に色分けされて描かれており、そのカラフルなラインの数々が図の中心部では並んだり、交差したり、もつれ合ったりと、なにか路線ごとの駆け引きがいろいろありそうな、見ていて実に楽しい代物であった。

今もＪＲ東日本の東京圏を走る鉄道の車中で、同様の路線図を眼にするが、要はそれの始祖と呼べる存在である。京浜東北線で見つけたころ、はじめて掲出されたものなのか、以前からあったものなのかは定かではないが、とにかく、私にとってこの首都圏国鉄路線図は、鉄道地図に興味を抱くきっかけとなったものであることだけは間違いなさそうだ。

「鉄道地図」とは、読んで字のごとく鉄道路線を主体に描いた地図であり、時刻表の索引地図が代表格だが、電車内に掲出される路線図（路線案内図）や、昔、鉄道会社が「旅行案内」「沿線案内」などと称してよく発行した絵地図、鳥瞰《ちょうかん》図なども当然、その仲間に入る。最近は、乗った路線を塗りつぶしていくような趣向の鉄道地図も市販されている。

地図というものは不思議な魔力があり、眺めているとだんだん地図に描かれた地域が、我が領土のように思えてくる。まあ、そういうふうに思うのは私だけかもしれないが、子供のころ、件《くだん》の路線図を京浜東北線に乗るたび眺めていて、やがて図の隅々まで視察に向かいたいという衝動にかられるようになった。そこで、まず、親には内緒で青梅《おうめ》線の奥多摩駅まで一人で行ってみた。「氷川《ひかわ》」という情緒豊かな駅名から改称されたばかりのころで、東京都内にもこんな山深いところがあるのかと、子供心にずいぶんと驚いたものである。

次いで、横須賀線の久里浜《くりはま》や東海道本線の平塚にも行ってみた。当時の首都圏国鉄路線図では、東海道本線は平塚までしか記されていなかった。以西はまさに未知の空間で、興味はあったが度胸がなく、平塚で折り返したという次第。

鉄道地図を楽しむ趣向の一つに、右のような、そこに描かれる路線を乗りつぶしていくという行為があり、それを実行していく過程で、また新たな楽しみ、興味も湧いてくる。鉄道地図と現実の違いの発見である。地図に描かれていない線路を見つけたり、線路の分かれ方が地図とは異なる箇所に遭遇したりすれば、好奇心はいやがうえにも膨らんでいく。

実は、はじめて奥多摩へ行ったとき、中央線快速の青梅線直通電車に乗ったのだが、立川から直接青梅線には入らず、妙な単線の線路に分け入って民家の裏手をかすめ、西立川でようやく青梅線に合流、という意表をついた展開となり、目を丸くした。このような、通常の鉄道地図ではなかなか明かされない連絡線というのも、全国随所に潜んでいる。

一方、机上で鉄道地図を眺めているだけで見つかる、謎めいた箇所というのもある。

小学六年生のころには、全国版の時刻表が数冊、自室の畳の上にころがるようになっていた。巻頭の索引地図をはじめて見たときには、我が領土も一気に広まったとほくそ笑んだ。例の平塚の先も、鹿児島県の枕崎まで明快に認識することができた。と同時に、いろいろと探険したくなる物件が見つかり、大いに興味をそそられたのである。

なぜ、東海道本線は大垣の先で垂井《たるい》経由と新垂井経由の二手に分かれるのだろうか、なぜ、近鉄田原本《たわらもと》線は他の近鉄線と繋がっていないのだろうか、なぜ、北九州筑豊地方はバニーガールの網タイツのように路線が複雑に絡み合っているのだろうか。

気になりだしたら夜も眠れなくなるわけだが、中学に入ると一人旅の遠出が許される。疑問箇所を全国規模で巡るようになり、百聞は一見に如《し》かずだから、結果、眠れない夜も徐々に日数を減らすものと思われた。

ところがである。するとこんどは、現場を見ることにより生まれる謎が次から次へと湧き出し、結局、イタチごっこのようになって収拾不能に陥り、齢《よわい》五〇も間近となった今も、鉄道地図の謎めいた箇所、興味深い場所を密かに巡り楽しんでいる（?）。奇妙な道楽だが、おそらく死ぬまで続くものと思われる。

考えてみれば、あらゆる乗り物のなかで、路線・線路自体に楽しみを見出せるのは、鉄道ぐらいのものではないだろうか。

本書は、路線・線路の集合体である鉄道地図の楽しみの上澄《うわず》みの部分を、ご迷惑かもしれないが、堅気《かたぎ》の方、いや一般の方にもお裾《すそわ》分けしようと思い筆を執ったものである。が、鉄道道楽にはかかる趣向もあったのか、まあ、人生いろいろ、道楽もいろいろだねと、せいぜいご笑覧いただければ、それはそれで望外の喜びでもある。

では、鉄道地図道楽ご案内とでも呼べそうな本書の座興のあらましを、いささか野暮かもしれないが、ざっと記してみよう。

まず第一幕は、鉄道地図を見ていて明らかに疑問に思える箇所を巡り、歴史を踏まえながらその謎を解き明かしていこうとする探偵小説まがいのお芝居である。途切れた路線、妙な曲がり方をする線路などが役者として出演する。

続く第二幕は、鉄道地図の構成要素に関する雑多な講談。線名の由来や、「本線」とただの「線」の関係にはじまり、線路の戸籍、境界、さまざまな分岐点などに話は及んでいく。ちょっと内容がまったりし過ぎるので、うな重と天丼と豚骨ラーメンを一気に喰らったような感じとなって、トイレに中座したくなる人も出てくるかもしれない。が、ここを我慢して聞けば、それなりの免疫が出来、次の第三幕をより深く楽しむことができるだろう。

さて、その第三幕は、鉄道地図上の珍名所と呼べそうな場所から、独断と偏見で選び出した八カ所を巡っていくという余興。二車線の道路を自動車を運転して掟《おきて》通りに左側通行で走っていたら、真っ正面から路面電車がやって来て、あわや正面衝突しそうになったという妙な場所も出てくる。対象を八カ所としたのは特に意味はなく、「金沢八景」「近江八景」他に倣《なら》ったまで。

まあ、今回の興行はおおよそこんな感じである。これでもよろしければ、所澤一座の鉄道地図劇場にどうぞお入りください。観劇料は裏表紙に記してある通りです。

目次

第二幕　全国津々浦々、「境目」の謎――――99

第三幕　特選　鉄道地図「珍」名所八景 ―― 183

※本文の内容は、特にことわりのない限り平成二〇年一月末日現在のものです。
※本文中敬称略
※原図作成／著者

第一幕　鉄道地図、七不思議の旅

「時刻表」巻頭の索引地図は、調べたい乗り物の時刻が何ページに載っているのかをつかむ手がかりとして、なかなか重宝するものだが、これだけを見ていてもけっこう楽しめる。日本全国の主要な交通機関の様子が手に取るように分かり、なにやら天下を取ったような気さえしてくる。越後の上杉謙信が上方に通じる日本海航路をおさえ、特産品を流通させて地元を富めるものとした好例もあるように、いつの時代も交通を掌握したものが、やはり勝者といえよう。

もちろん、私などは、ほんとうに掌握などできないから、せめて机上だけでもそれを楽しむという次第である。

たとえにしては若干の問題をはらんでいるかもしれないが、GHQの参謀陣が地図を眺めながら、我が国の占領政策を練っていたときの感覚と似たような心理状態を味わえるのではないかと、個人的にはそう思っている。

話が冒頭から脱線してしまった。閑話休題、索引地図は鉄道地図の代表格といえる存在で、もちろん、見ていて楽しいだけでなく、いろいろ興味をそそられることも多い。

見るたびに、気になってしかたがなくなるような対象まで、たまには見つかったりもする。私にとってそのひとつは、四国に存在する。

一駅間だけ途切れる鉄道地図

土讃線から予土線へ

四国西南部の地勢は独特である。海岸線は、見上げれば天まで届くのではないかと期待でもしたくなるような断崖絶壁の連続、その嶮しい縁取りの山々を越すとすぐに盆地が開け、荒々しい海沿いの景観がまるで嘘だったかのように牧歌的な田畑の眺めが展開する、といった具合の箇所が実に多い。

例えば、高知から土讃《どさん》線に乗り西へ向かうとしよう。天然の良港の見本といえそうな須崎湾に面した須崎から、列車は紺碧の海の波打ち際に出たりもするが、土佐久礼《とさくれ》という札所《ふだしょ》のような名の駅を過ぎると、突然、海岸線の切り立った山肌に取り付き、斜めにそこを登りだす。

トンネルが連続し、抜けるごとに左窓の土佐湾が下へ下へと遠ざかっていく。

こんな鬱々とした昼なお暗い山中へと分け入って、どうなることかと心配していると、少し長いトンネルに入り、出れば景色は一変、耕地が広がるほのぼのとした平地が現れ、驚か

土讃線の終点窪川は中村線、予土線の乗り換え駅

されるといった段取りになっている。

やがて窪川に着く。四万十川上流の松葉川流域の台地に開けた商業の町である。

窪川から太平洋（土佐湾）までは直線距離にしてわずか八キロ程度だが、例の海岸線の険しい山壁のせいで四万十川は、これより核となる山脈のない漫然とした高知県西南部の山間部に向かう。その後、蛇行を繰り返して転流を続け、一〇〇キロ以上の長旅を経てようやく、窪川から約四〇キロ南の中村の先で海に注ぐという、ややこしいことをやっている。

まあ、それはいいが、窪川で土讃線は終わり、中村・宿毛《すくも》方面へは土佐くろしお鉄道の中村線、愛媛県の宇和島方面へは土讃線と同様にJR四国が経営する予土《よど》線が連絡する。

JR全線普通列車乗り放題の「青春18きっぷ」持参の旅人ならば、おそらく窪川で予土線の列車に乗り継ぐのではなかろうか。

このきっぷでは第三セクターの土佐くろしお鉄道には乗れないことも大きいが、予土線は途中の江川崎《えかわさき》まで、四万十川の清冽《せいれつ》な流れを車窓に映し出す、なかなか風光絶佳な路線でもあるからだ。

「青春18」でも御代を払わされる

さて、予土線のワンマン・ディーゼルカーに揺られ、四万十川の蛇行の様子を見ているうちに、突然、天然のウナギでも喰らいたくなって、十川《とおかわ》あたりで途中下車することにしたとしよう。ここで、予土線のとある事情を知らない18きっぷの旅人は、少々納得のいかない顔をする。下車時に二〇〇円を請求されるからである。

「なんでや、JR全線乗り放題ちゃうんかい！」

二〇〇円といえども大切なお金、短気な人は一人乗務のJR四国の運転士に食ってかかったりもする。しかし、運転士も慣れたもの、すかさず、そして鄭重《ていちょう》に、始発駅の窪川と次の若井の間の一駅間がJR線ではなく土佐くろしお鉄道線となるため、その部分の運賃が別にかかることとの説明をはじめる。

馴染みのない人には、なかなか理解しがたい話かもしれないが、たしかに時刻表の索引地

●図1　四国西南部の鉄道地図

図を見ると、そういうことになっている。

土讃線の終点窪川から先へ延びるのは土佐くろしお鉄道中村線で、予土線は中村線の次の駅、四・四キロ先の若井を起点に江川崎、宇和島方面に向かっているのである。

ただ、予土線の列車は、土佐くろしお鉄道に一駅間だけ乗り入れ、窪川のＪＲ線ホームに発着する（【余談1】）。加えて、起点というか分岐点の若井が、線路一本に片面ホームひとつだけの、田圃《たんぼ》と里山と枯れススキを眺めるには絶好な駅で、およそ起点にも分岐点にも見えない寂漠《せきばく》とした代物だから、多くの旅人は先の事情が実感として理解できないようだ。

ＪＲ線として途切れているのが、わずか一

駅間であるため、索引地図自体もよほど注意深く見ていないと、土讃線と予土線はつながっているかのように錯覚してしまう。

このあたりが、鉄道地図の奥深さというか、罪深さでもある。

予土線の起点若井は閑散とした駅

【余談1】窪川駅はJR土讃線と土佐くろしお鉄道中村線では改札口とホームが完全に分離されている。ただ、中村線の列車のうち、土讃線直通の特急列車と予土線直通列車はJR線ホームに発着するので少々ややこしい。

杓子定規な法が生んだ線路の間隙

それにしても、奇妙な鉄道地図ではないか。ネットワーク力の効能を考えれば考えるほどに、一駅間だけ自社の線路が途切れている、などという不細工な路線網を持つ鉄道会社が理解できない。

私は、時刻表の索引地図の中国・四国地方の頁を開くたびに、窪川〜若井間が、むずがゆい水虫のように気になってしかたがないのである。

ならば、索引地図など開かなければいいではないかと言われそうだが、かかる奇々怪々な現象が鉄道地図に生まれた理由はこうであった。

香川県の多度津《たどつ》を起点とする国鉄土讃本線（現・JR四国土讃線）が窪川まで延びたのは昭和二六（一九五一）年。続いて昭和三八（一九六三）年には、その延長線ともいえる窪川〜土佐佐賀間が国鉄中村線として開業した。ここで、窪川以南の線名が「土讃本線」ではなく「中村線」とされたことが、後々の禍根となる。

中村線が文字通り中村まで達するのは昭和四五（一九七〇）年。一方、北宇和島〜若井間の国鉄予土線の全通は、中村線より若干遅れた昭和四九（一九七四）年で、当初から列車は窪川に発着したが、線路の戸籍上、窪川〜若井間はあくまでも「中村線」とされていた。

昭和六一（一九八六）年五月二七日、中村線にとって、いや予土線にとっても少々困ったことがおきる。

輸送密度（一日一キロメートル当たりの輸送人員）が極端に低い国鉄赤字ローカル線をバス輸送に転換する、すなわちリストラするための「国鉄再建法」（【余談2】）なる法のもと、中村線をその対象として、ときの運輸大臣が承認してしまったのである。

中村線は土讃本線の延長として機能し、特急・急行列車も数多く運転されていたので、地元もまさかバス転換されるなどとは思ってもみなかっただろう。しかし、明暗を分ける輸送密度の計算が、線名を根拠とする線区単位でおこなわれたため、かかる結果を招いてしまったのである。

トカゲの尻尾のような末端部の窪川〜中村間だけで輸送密度をはじき出せば、それはバス輸送が適当との烙印も押されよう。

この処遇に驚いたのは、中村線の沿線だけではなかった。予土線沿線の人も、当然ながらびっくりである。

もしも中村線がバス化されたならば、予土線沿線から高知方面に出る場合、若井でバスに乗り換え、窪川でまた列車に乗り継ぐという、まだるっこしいことになってしまうではないか。

ちなみに予土線は、中村線よりもさらに輸送密度が低かったけれども、代替輸送道路が未整備ゆえにバス転換が不適当とされ、生き残りが約束されていた。しかし、中村線が廃止となれば、中途半端な根無し草のような存在と化してしまう。これでは残ったとしても、利用者にとってはありがたみも失せよう。

法律というものは、ある程度杓子定規となるのは仕方のないことだとは思う。ただ、それにしても、窪川～若井間問題は、もう少しなんとかできなかったのだろうか。関係自治体では当時、対応に悩んで胃が痛くなる人も続出したに違いない。

対策については、中村線・窪川～若井間を例外的に鉄道で残すよう国に働きかけるか、あるいは窪川～若井間を戸籍上「予土線」に編入し合法的に鉄道で残すといった方法が考えられる。

ただ、これをやると、他の地域でも鉄道存続のため同様の工作がおこなわれる恐れがあり、全国的に収拾がつかなくなってしまうので、国は断固として認めなかったはずだ。

運良く、高知県や沿線自治体などが出資して第三セクターの土佐くろしお鉄道を設立、昭和六三年に中村線を同社が引き継いだからよかったようなものの、もし、そうでなかったら、今日も若井の駅でバスを待つ予土線沿線の住民を見かけたに違いない。

まあ、こうして結局、予土線の物理的根無し化は回避されたのだが、根元をなす窪川～若井間はJR線ではなくなり、鉄道地図上に不格好な姿をさらす結果を招いたのであった。

【余談2】「国鉄再建法」は法律第一一一号「日本国有鉄道経営再建促進特別措置法」とい

う長ったらしい名が正式名称で、昭和五五（一九八〇）年一二月二七日公布、即日施行となった。〃国鉄再建〃とあるように、この法律制定時には、莫大な赤字に苦しむ国鉄といえども、そのままの経営体で再建が考えられていたようだ。しかし、以降、経営形態の変更なくして国鉄の復活はあり得ないとする意見が台頭、昭和六一（一九八六）年に「国鉄改革関連法案」が成立して、国鉄は昭和六二（一九八七）年四月一日、ＪＲ各社に移行する。

盛岡駅の怪

「銀河鉄道」に阻まれる

鉄道地図を夜な夜な眺め、窪川〜若井間のような法や政治の生み出す矛盾箇所を見つけて楽しむ（?）のも、また一興かもしれない（陰々滅々とした気分になるかもしれないが…）。岩手・秋田両県にまたがって走るＪＲ東日本の花輪《はなわ》線も、なかなかの政治的矛盾を楽しめる路線である。

東京方面から東北新幹線利用で花輪線に向かおうとすれば、乗り換え駅は岩手県の盛岡となる。花輪線自体は、盛岡から北に少し行った石川啄木の生地渋民《しぶたみ》の先、好摩《こうま》という駅が起点だが、列車は盛岡駅に発着し、新幹線からの乗り換え客などの便をはかっている。

JR東日本は花輪線に、「十和田八幡平《はちまんたい》四季彩ライン」という言葉遊びのような愛称線名を与えており、実際に乗ってみると、そう謳《うた》うだけのことはあって、なかなか見応えのある車窓を旅人に提供してくれる。

好摩を出るとほどなく、富士山の子分のような山容の岩手山を左に見ながら、その奥に連なる八幡平の神々《こうごう》しい峰々に向かって急な登りにかかり、白樺林の優美な安比《あっぴ》高原に到達するという大展開になる。冬ならば積雪の多さにも驚かされるだろう。駅に降り立てば、山の冷たい風が頬を打ち、二日酔いなども一発で治る。

もちろん〝四季彩ライン〟だから、他の季節に乗ってもそれなりの見応えはある。紅葉の季節などもいい。ただ、理不尽なことに、盛岡での新幹線から花輪線への乗り換えが、すこぶるめんどうくさいのである。

JR東日本が商《あきな》う東北新幹線から、同じくJR東日本経営の花輪線の列車に乗り継ぐわけだから、まさか改札の外に一旦出ろ、などとは言われないと思うところに、この駅ではなぜかそれを言われてしまうので、おおかたの人は面喰らうことになる。

加えて、JRの改札氏にそちらへ向かうよう案内される花輪線の改札口というのが、南北に細長い盛岡駅構内の北の外れの目立たない場所にあり、慣れていないとそこまでたどり着くのにも往生する。階段を二階から一階へ降りる必要があるうえに、導線はストレートではなく、迷路みたいに角を何回も曲がらなければならない。駅ビルの「フェザン」なるショッピング街や飲食店街に迷い込んでしまう人もいそうだ。

JR 花輪線の列車が発着する IGR いわて銀河鉄道盛岡駅

さらに、である。たどり着いたら着いたで、ご案内のその改札口には、「ＩＧＲいわて銀河鉄道　盛岡駅」などというＪＲではない鉄道会社の名が大書きされている始末。ほんとうに花輪線はここでいいのだろうか、と乗り換え客は皆、不安の極地に達するのである（いささか大げさかもしれないが……）。

岩手県といえば、石川啄木と並ぶ郷土の偉人に宮沢賢治がいる。ご両人とも夭折《ようせつ》だったことは惜しまれるが、賢治の故郷であるならば、エスペラント語の「イーハトーヴォ」、「銀河鉄道」などの言葉が、付け句のように毎々出てくるのはしかたがない。ＪＲでも県内の釜石線

●図2　盛岡付近の鉄道地図

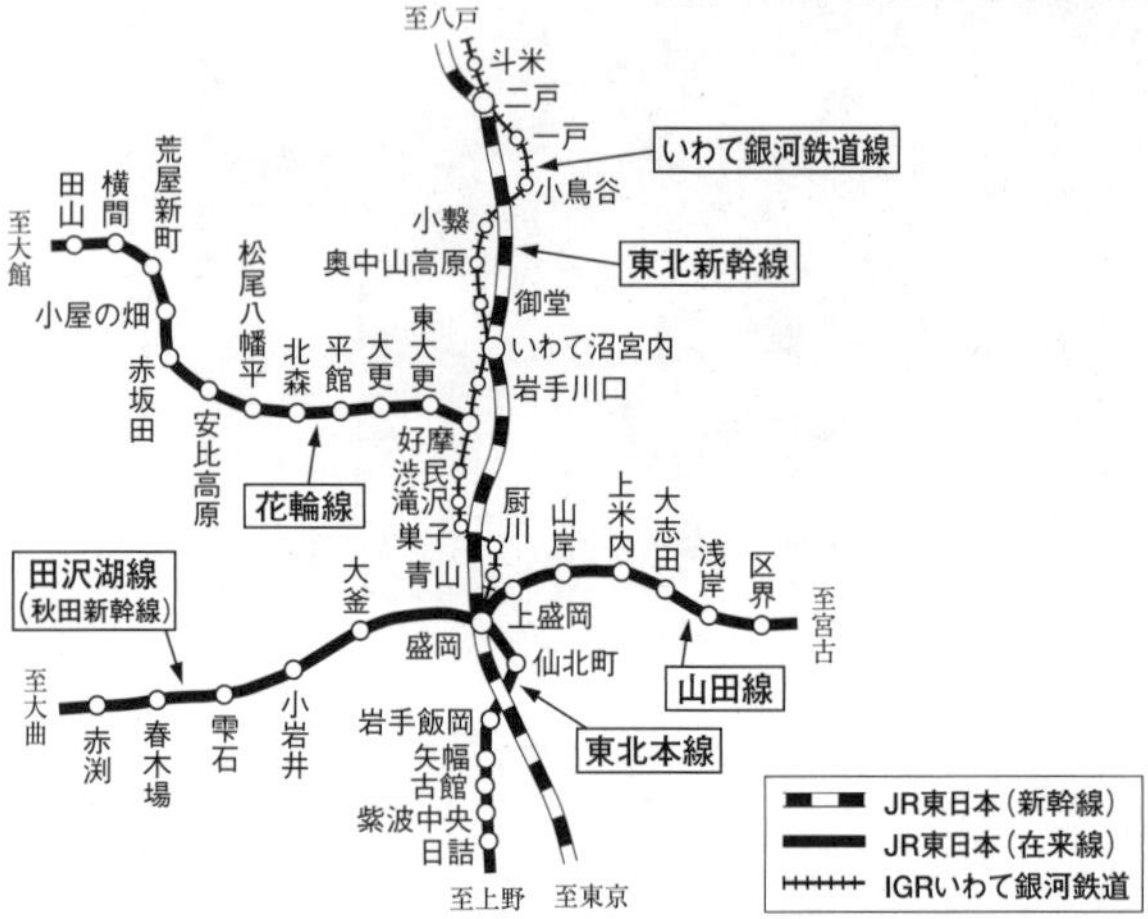

に「銀河ドリームライン釜石線」なる愛称を付けている。今さら「ＩＧＲいわて銀河鉄道」が出てきたところでちっとも驚きはしないが、それにしてもここ盛岡駅では、第三セクターのＩＧＲいわて銀河鉄道乗り場から、なんでＪＲの花輪線列車が発車するのだろうか。

これはなかなか、凡人には理解しがたい乗り換えである。

ＪＲ根無し路線　パート２

時刻表の索引地図で盛岡付近を眺めれば、花輪線は予土線をグレードアップしたかのような根無し草路線であることがよくわかる。

なんと、花輪線の起点好摩は、ＩＧＲいわ

て銀河鉄道の途中駅ではないか。要するに、花輪線列車が乗り入れる盛岡～好摩間はＪＲ線ではなく、ＩＧＲいわて銀河鉄道線だったのである。

そうであるならば、盛岡駅での件の処遇も、ごく自然のものとして受け止められる。花輪線は秋田県側の終点、大館でこそＪＲ奥羽本線と接続しているものの、起点の好摩では他のＪＲ線とはまったく結ばれていない。ＪＲのネットワーク上では行き止まり路線ということになる。

花輪線の起点好摩はIGRいわて銀河鉄道の途中駅

ただ、好摩から、ＪＲ各線が群れる盛岡までの間は、営業キロにしてわずか二一・三キロという近さだ。ここも惜しいような、むずがゆいような途切れ方で、鉄道地図としてはあまり美しいものとはいえない、と思うのは私だけだろうか。

説教じみた話となり恐縮だが、

昔の鉄道地図にはなにかひとつ筋の通った美しさというものがあったような気がする。

維新後の明治新政府が、共通語（標準語）の制定、日本標準時の制定と並んで、鉄道の敷設を中央集権型統一国家実現の有力な手段と考えたことはほぼ間違いないだろうし、国有鉄道線路網の発達史は、その通りに、全国津々浦々のいずこへも中央から、あるいはいずこからも中央へ、人・モノが効率的に輸送できるためのネットワーク構築の歴史だったと思う。

日本鉄道、山陽鉄道、九州鉄道など幹線系主要私鉄の国による買収をみる明治後期の「鉄道国有法」制定以来、大東亜戦争末期まで延々続く私鉄路線国有化の歴史も、信越本線の短絡線である上越線の建設や、急勾配回避のための東海道本線、鹿児島本線のルート変更等線路改良の歴史も、これすべて移動の効率化を求めた施策であったといえる。

移動の効率化を追求すれば、当然、鉄道地図にも、筋の通った機能美というものが生まれてくる。

すべての線路はみな合理的に帝都東京へ通ずる、これこそがまさに国有鉄道線路網の美しさではなかっただろうか。

ところが昨今のＪＲ線路網には、窪川～若井間といい、盛岡～好摩間といい、なにか筋の通らないもどかしさをおぼえる。その盛岡～好摩間のもどかしさを生み出した、整備新幹線に関するある掟を次に見てみよう。

「新幹線」をめぐる国と地方JRの確執

昭和四五（一九七〇）年「全国新幹線鉄道整備法」が制定され、東海道・山陽では国鉄の一事業にすぎなかった新幹線建設が、国家プロジェクトに昇格した。輸送力が限界に近づく在来幹線の線増が目的だった「新幹線」が、「国土の均衡ある発展」の有力手段として位置付けられたわけである。

世はまさに、「新全国総合開発計画」策定の時代であり、新幹線も政治の渦へと巻き込まれていくのであった。

「全国新幹線鉄道整備法」を受け、ときの運輸大臣は日本全土に九〇〇〇キロもの新幹線を建設する「新幹線基本計画」を定める。これにより、盛岡以南の東北新幹線と上越新幹線が着工となり、予定より大幅に遅れはしたもののなんとか開業をみた。

しかしながら、優先順位としては二番手の、いわゆる「整備新幹線」（盛岡以北の東北新幹線、北海道新幹線、北陸新幹線、九州新幹線鹿児島ルート、同長崎ルートの五線）については、国鉄や国そのものの財政悪化などから着工にはいたらず、国鉄末期には工事凍結の憂き目にすらあう。

整備新幹線は、景気刺激・浮揚策としてよく担ぎ出されたものの、その都度、財源が壁として立ちはだかったのである。

ところが、国鉄改革も一段落した昭和六二（一九八七）年、「第四次全国総合開発計画」（四全総）の一環として整備新幹線は凍結を解除される。

当時の我が国はバブル景気に突入しつつあった。そろそろこのあたりで念願の……、といった話が政治家や官僚らの間で持ち上がったのだろう。新幹線の建設には膨大な利権が伴う。ただ、凍結解除とはいっても、実際に建設するとなれば莫大な金が必要だ。もしＪＲ各社にその負担を強いれば、それが足かせとなって「第二の国鉄」と化す恐れがある。

そこで、国鉄改革はなんとしても成功させたい、整備新幹線もなんとしても着工させたい、とする政府与党は奇策を編み出すのであった。

財源については公的助成をおこなうこととし、建設費の一部を国と関係する都道府県・沿線自治体（地方）が負担するルールをつくったのである。

このルールは、以降、国・地方の負担率がだんだんと増える傾向にあり、現在、ＪＲは新幹線完成後の旅客増による収入増加分相当の建設費を負担するのみで、それを超える分については国・地方の負担という。

なんだか〝地方には辛く、JRには甘く〟といった感じもするけれども、政府与党はJRが第二の国鉄化するのを回避する奇策を、さらにもうひとつ用意した。

新幹線開業後、並行する在来線の経営をJRから分離し、地方などが面倒をみるというルールである。

この並行在来線分離を地方が受け入れない限り、整備新幹線は絶対に着工されないことになっているから、国もなかなか手厳しい。現に九州新幹線長崎ルートは、並行する長崎本線の経営分離に一部の地元自治体が難色を示したため着工が遅れている（並行在来線の設備を佐賀・長崎両県が保有し、JR九州が運営を続ける方向で平成一九年度内に着工の見通し）。

新幹線開業後の並行在来線は、中長距離客が新幹線に移行するため大幅な赤字が見込まれるので、JRにとってまさに願ったり叶ったりのルールであったとはいえ、並行在来線分離策は反面、新幹線開業後のJRの予想利益を大きく見積もり、JRに少しでも多く建設費を負担させようとする作戦とも見て取れる。政府与党もなかなかにして、したたかである。

いずれにしても地方は大変だ。新幹線建設費を一部負担するうえに（起債が認められ、償還時は地方交付税により国が一部面倒をみるが……）、並行在来線の面倒までみさせられるのだから。整備新幹線の沿線では、近い将来、地方税などが大幅値上げされはしまいかと、心配になってしかたがない。

平成一四（二〇〇二）年の東北新幹線・盛岡〜八戸間開業では、ルール通りにまさに事務的に、東北本線の盛岡〜八戸間がＪＲ東日本の手を離れた。

同区間は岩手県側がＩＧＲいわて銀河鉄道、青森県側が青い森鉄道に移管されたわけで、かかる結果として、花輪線の根無し草化というか、もどかしいというか不細工な鉄道地図が生まれたという次第である。

ＪＲ・三セク間のトレード・オフ

並行在来線分離のルールでは、新幹線に並行する区間のすべてを分離するのか、それとも一部なのかが明確にされていないため、その都度、ＪＲと地方とが話し合い、分離区間を決めなければならないという。すなわち、「国鉄再建法」のときの中村線のケースのような杓子定規なまねは、必ずしもする必要はないのである。

なるほど、平成一六（二〇〇四）年の九州新幹線・新八代《やつしろ》〜鹿児島中央間開業のときには、誰が見ても並行在来線と思える鹿児島本線の川内《せんだい》～鹿児島中央間がＪＲ九州の経営のまま残っている（鹿児島本線・八代～川内間は肥薩おれんじ鉄道に移管）。

ならば、従来から花輪線列車が乗り入れている盛岡～好摩間もＪＲ線として残す手はあったと思う。同区間は盛岡市の通勤・通学圏内であり利用者もけっこう多い。ＪＲ東日本も内心は、同区間を手放したくなかったのではないだろうか。

しかし、そうはならなかった。盛岡～好摩間をＪＲ線で残せば、ＩＧＲいわて銀河鉄道が商売する区間は、人口も希薄な辺鄙《へんぴ》な山の中ばかりとなってしまう。途中には「奥中山高原」なる名の駅まである（ＪＲ時代の駅名は「奥中山」）。どう見ても儲かりそうにない。当然、同社に出資する岩手県や沿線市町村は納得しなかっただろう（【余談3】）。

ＪＲを立てればＩＧＲが立たなくなる。ＪＲ線のネットワークを維持するのは大切なことだとは思うけれど、それに固執するあまり、並行在来線引き受け会社の将来を考えないのはまずい。ということで、このケースでは、しかたなく花輪線には泣いてもらった（？）わけだが、並行在来線分離という政府自民党が無理矢理つくったルールそのものに、なにか判然としないものがある気がしてならない。

ＩＧＲいわて銀河鉄道にとっては目出度《めでた》いはずの開業の日、東京の某大手私鉄からやって来た同社の重役が、国の根幹を成す大幹線の東北本線を、たとえ一部とはいえ地方に押しつけてしまって、ほんとうにそれでよいものだろうか、と、テレビカメラに向かい疑問を投げかけていたのは印象的であった。

【余談3】 JR東日本の経営のまま残っても決して不思議ではなかった東北本線・盛岡～好摩間が、IGRいわて銀河鉄道に移管されたのは、並行在来線引き受けの第三セクター第一号、しなの鉄道の大失敗が教訓としてあったためではないかと思う。平成九（一九九七）年に北陸新幹線（長野新幹線）高崎～長野間は開業するが、このときの並行在来線は信越本線・高崎～長野間で、処遇は、高崎～横川間JR残置、横川～軽井沢間廃線、軽井沢～篠ノ井間しなの鉄道移管、篠ノ井～長野間JR残置であった。しなの鉄道は一時期倒産寸前まで経営が追い詰められる。その建て直しのため田中康夫前長野県知事が民間からスカウトした敏腕社長が諸悪の根源と指摘したのが、長野市の近郊区間で利用の最も多い篠ノ井～長野間が並行在来線でありながらも、しなの鉄道に移管されていない点だった。JRはいいとこ取りで、「しなの鉄道はJRの植民地ではないか！」と同社長はテレビで苦言を呈したものの、原因としては、長野オリンピック開催までになんとか新幹線を長野に、と焦った県担当者が、

ＪＲ東日本の要求を吟味もせずに、なんでもかんでも受け入れてしまったことがあげられていた。一方、ＪＲ東日本側は、篠ノ井～長野間には名古屋からの特急「しなの」を含むＪＲ篠ノ井線（塩尻～篠ノ井）列車の乗り入れがあるため、ＪＲ線として残した方が効率的と判断したとの説明であった。しかし、である。のちに盛岡～好摩間がＩＧＲいわて銀河鉄道に移管されてみると、（ＪＲ線のネットワークが崩れるという、また別の問題はあるにしても）篠ノ井～長野間がしなの鉄道となったところで、とくに問題はなさそうな気がしてくる。同区間は篠ノ井線からの列車よりも、しなの鉄道からの列車の方が本数的にも多いのだし。篠ノ井～長野間のしなの鉄道への移管問題の論議は、今も続いているという。

ドラゴンレールの憂鬱

蛇行する線路の謎

政治が鉄道に介入し過ぎると、木に竹を継いだような妙な鉄道地図が出来上がってしまうのが昨今の傾向らしい。それにしても、なにか目先の金に捉われすぎているというか、五〇年後、一〇〇年後を見据えた長期的展望に欠けるというか、なんだかそんな思いに捉われてし

大船渡線はなかなかの曲者

まうのは、私の修行の足りなさなのだろうか。

展望の無さといえば、日本全国に限なく線路を張り巡らす大風呂敷を広げ、ほとんど経済効果の期待できないローカル線を数多く生み出す結果を招いた大正一一（一九二二）年公布の改正「鉄道敷設法」（【余談4】）も典型例のひとつだが、まだ、昔の政治は鉄道網の充実を謳い文句にしていただけ救われる。

現在は、道路網の充実が第一義で、次いで空港と新幹線だ。在来線など、政治家の先生方は誰も見向きもしない。だから、木に竹を継いだような鉄道地図となっても、一向にお構いなしである。

改正「鉄道敷設法」は、「我田引水」ならぬ「我田引鉄」の風潮を増長させたことでもよく知られている。

当時は、我が町おらが村に鉄道を通すことが選挙民の心をつかむ確実な方法であり、有力政治家はこぞって、自らの選挙区へ鉄道を持ってくることに奔走した。

当然、地域間対抗の鉄道争奪戦が往々にして起こる。そして、その争奪戦が度を超し、珍妙な鉄道地図が創造されてしまうこともあった。

例は、全国を見渡せば枚挙にいとまがないけれど、ここではもっとも有名な事例を一席。

岩手県一関市の東北本線一ノ関駅を起点に、三陸海岸沿いの遠洋漁業の基地としても名高い宮城県気仙沼《けせんぬま》を経て、岩手県大船渡《おおふなと》市の盛《さかり》に至る、大船渡線というJR東日本のローカル線がある。

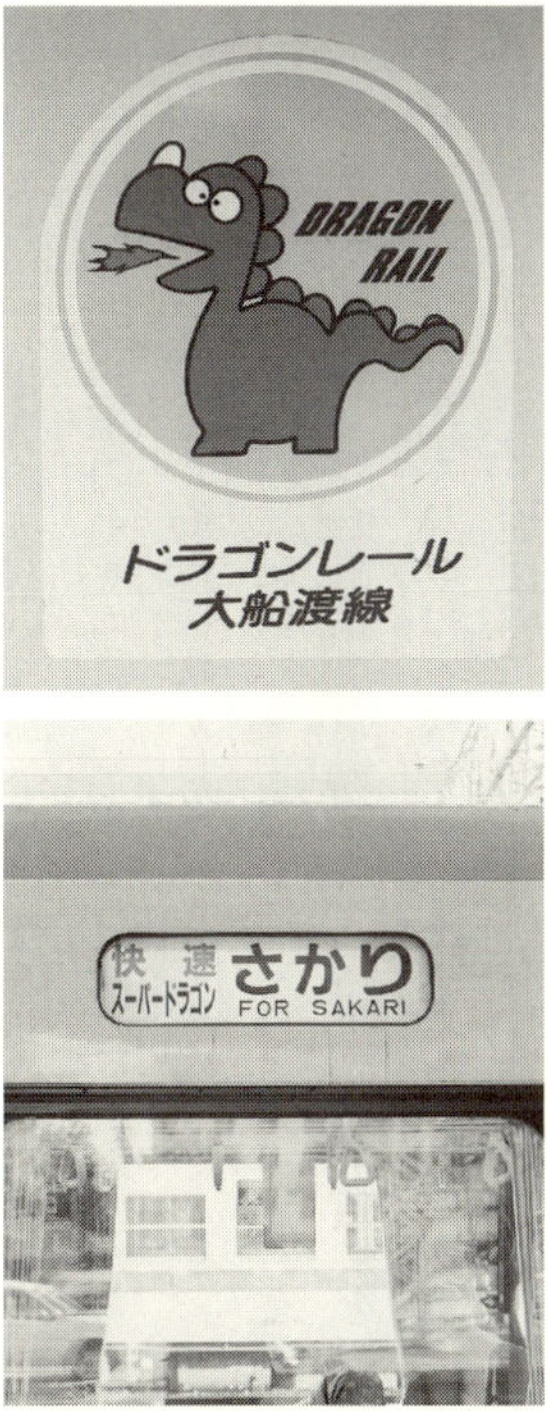

大船渡線の車両には“ドラゴン”の文字が目立つ

一旦宮城県に入って岩手県に戻るところなど、なんだかもうすでに曲者としての頭角を現しているが、この大船渡線の愛称がまた、くせがあるというか恐ろしげである。なんと「ドラゴンレール・大船渡線」。走っている快速列車の名も「スーパードラゴン」というから、なかなかこっている。

東北地方のローカル線は愛称が付くのが流儀なようだが、またしても奇抜な名の登場とあいなった。まさか、沿線に竜でも生息しているというわけでもあるまい。

「ドラゴンレール・大船渡線」の愛称は、大船渡線の独特の線形によるものという。

時刻表の索引地図を見れば、たしかに大船渡線は天空を舞う竜のごとく蛇行している。しかも、学校などで使う地図帳で、より正確なその線形を知れば、さらに驚かされる。

一ノ関駅を出た大船渡線は、多少の蛇行はあるけれども、陸中門崎《りくちゅうかんざき》という駅までは桑畑が散在する丘を見ながらほぼ東を向いて走る。

ところが、陸中門崎で何の気まぐれか突然、北を目指すようになる。陽の射す窓が変わるので、カーテンが一斉にひかれたりもする。

北に向かって一〇キロほどいくと、動物の牙とも人間の入れ歯とも見える奇岩巨石の絶壁が立ち並ぶ日本百景のひとつ猊鼻渓《げいびけい》をかすめ、その先で進路は再び東に向き直り、五、六キロ走って摺沢《すりさわ》を過ぎる。するとどうだろう、こんどは南を向き、また一〇キロほど進んで千厩《せんまや》という駅に到着する。

●図3　北上高地付近の鉄道地図

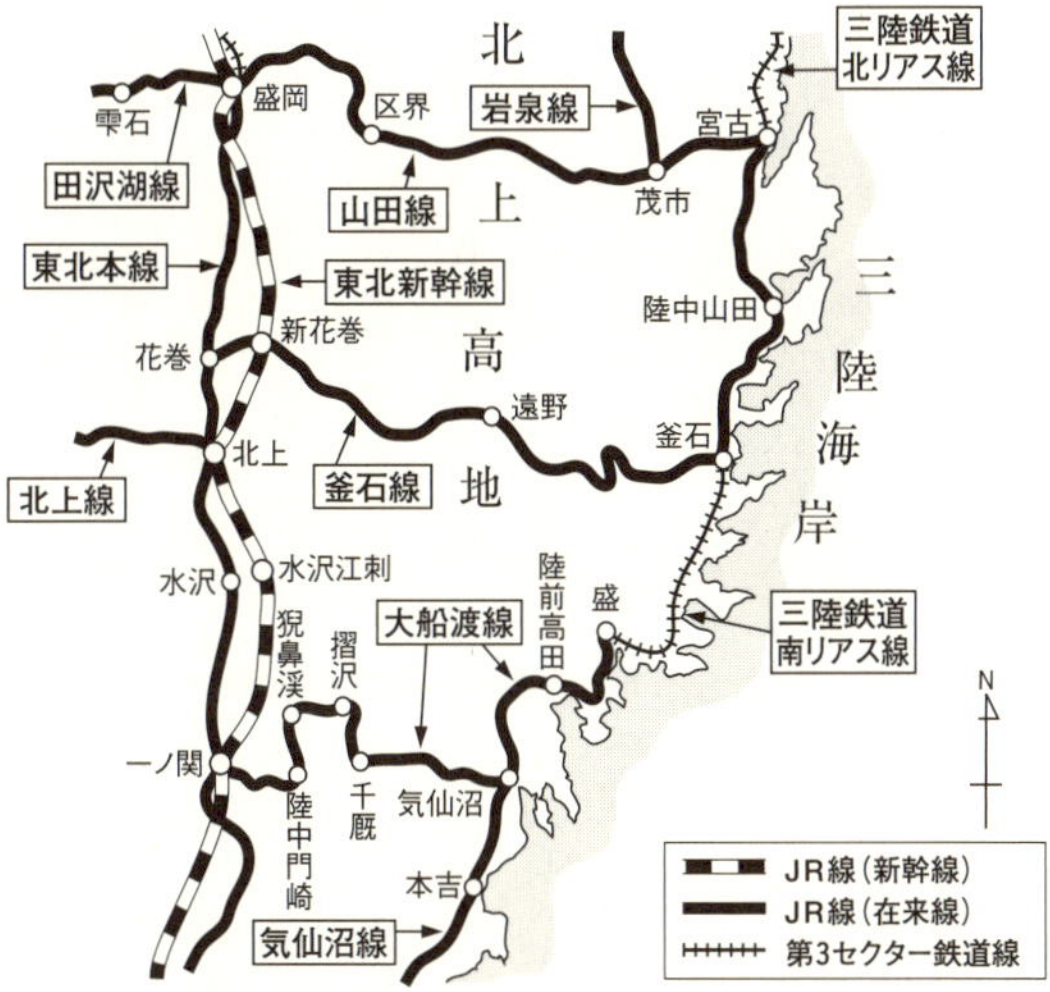

駅名の由来には、源義家が安倍氏征伐の際（前九年の役）、軍馬千頭を配置した地との一説もあるようで、大船渡線の列車はこの駅で、またまた向きを東に変えて気仙沼を目指すという筋書きなのである。

要は、四角形の三辺をなぞるような走り方で、陸中門崎から千厩までまっすぐ行けば一〇キロ弱程度の道のりを、大船渡線はわざわざ遠回りをして約二六キロも走っているのであった。陸中門崎～千厩間の線形が、地図で見ると鍋の鉉《つる》の形に似ているところから、〝ドラゴンレール〟と呼ばれる以前には（地元の人がほんとうにそう呼んでいるかは、極めてあやしいが……）、「鍋鉉線」と渾名《こんめい》されていた。

【余談4】明治二五（一八九二）年公布の「鉄道敷設法」（旧法）および明治二九（一八九六）年公布の「北海道鉄道敷設法」記載の建設予定線が、大正期にはほとんど完成してしまったため、さらなる鉄道網の充実を図るべく制定されたのが改正「鉄道敷設法」であった。ところが、ふたつの「鉄道敷設法」を見比べると、その大きな違いに驚かされる。旧「鉄道敷設法」は、幹線鉄道の国有国営原則を明らかにしたうえで幹線鉄道建設予定線を列挙し、当面建設すべき予定線を特定して、建設財源措置を定めたものだったが、一方の改正「鉄道敷設法」は、「別表」に一四九路線、総延長一万八〇〇〇キロもの遠大な建設予定線が並ぶものの（公布後も建設予定線の追加が繰り返される）、着工順位も着工時期も完成期限もまったく示されてはおらず、具体的な財政計画も伴っていなかった。官僚的合理性の裏打ちによる秩序性と計画性が貫かれていた前者に対し、後者はあまりに将来展望も計画も無さ過ぎる点が大きな特徴といえる。改正「鉄道敷設法」が生まれた大正期といえば、軍縮、民主主義（デモクラシー）の思潮が高まりを見せた時代でもある。庶民文化もおおいに開花し、志賀直哉、谷崎潤一郎、芥川龍之介などの作家が登場、『中央公論』『文藝春秋』他の総合雑誌も堰《せき》を切ったかのように次々刊行された。政治の世界でも、大正七（一九一八）年に政友会総裁の原敬が首相となり、我が国初の本格的な政党内閣が誕生している。原は鉄道拡充・産業振興を旗印に政友会の地盤拡大に努めたのだが、改正「鉄道敷設法」を推し進めたのは、ほかでもないこの原と政友会であった。鉄道の建設予定線を並べるだけでも地方選挙区では票が集まったのだろう。つまり、鉄道は、党利党略の道具となったわけである。ふたつの「鉄道敷設法」は、藩閥政治と、それに取って代わった政党政治の、それぞれの性格を如実に表した産物だったのかもしれない。

政争の具となった奇形の路線

それにしても大船渡線は、鍋鉉線なりドラゴンレールなりと謳うだけのことはある、あっぱれな蛇行ぶりではないか。

気仙沼や陸前高田付近も、リアス式海岸沿いに進むという地形的制約からしかたがないとはいえ、相当に蛇行している。

問題の箇所が鍋の鉉のようになったのは、その建設時に、有力政治家による線路の引っ張り合いが繰り広げられたのが原因と聞く。

計画段階の大船渡線は、陸中門崎からまっすぐ千厩に向かい気仙沼に抜ける予定だった。しかし、これに納得しない摺沢の有力政治家が計画をむりやり北回りに変更させ、千厩は経由しないこととなった。当然、千厩は納得できないだろう。

第一期区間の一ノ関〜摺沢間の工事がピークを迎えるころ、この摺沢の有力政治家が失脚する。さて、千厩の逆襲だ。摺沢から陸前高田に直進しようとした線路を、こんどは千厩の有力政治家が強引に南下させたのであった。目出度くも鍋鉉線の誕生である。

大船渡線は大正一四（一九二五）年から昭和一〇（一九三五）年にかけて敷設されている。まさに、改正「鉄道敷設法」前後の「我田引鉄」の風潮増した時期とぴったり重なる。当初、「我田引鉄」に積極的だったのは政友会だが、すぐに他の政党にも飛び火する。摺沢と千厩の対決は、政友会と憲政会の対決でもあったのだ。

おかげさまで大船渡線は、「政治路線」の代表のような言われ方をするが、他にも似たような事例は鉄道地図の随所に潜んでいる。

夜な夜なでなくとも結構だから地図帳を繰って、そういった問題箇所がどこなのか目星を付けてみるのも、今の乱世なかなか風流かもしれない。

猿も乗らない鉄道

ただ、地図には表れにくい政治路線というのも多い。余談になるが、かような例をひとつ。大船渡線は北上高地の南の縁をなぞって東北本線と三陸海岸をつなぐ路線だが、両者をつなぐ線は他にもふたつある。

大船渡線のすぐ上、北上高地南部を貫き三陸海岸に出るのが、かの「銀河ドリームライン釜石線」こと釜石線（花巻〜釜石）で、これは沿線に柳田国男の『遠野《とおの》物語』の地もあり、民俗学や民話に興味のある人なども乗って、そこそこ賑わいを見せるからまあいいが、その北側、北上高地のど真ん中を貫く山田線（盛岡〜宮古〜陸中山田〜釜石）がいけない。JR東日本でも一、二を争う淋しい路線で、乗れば陰鬱な気分となる人も出てきそうだ。

〝淋しい路線〟とする根拠はふたつある。ひとつは列車の本数。特に、山越えの盛岡〜宮古間が極端に少ない。

宮古といえば、北洋サケ・マス漁の港として知られ、ウニやアワビなども旨いとはいえ、盛岡からそこへ山田線で行こうとするならば、一番列車はなんと、昼も近い10時48分発の快速「リアス」宮古行となる（時刻表平成一九年一〇月号による）。ずいぶんと朝寝坊な路線だと思いきや、以降の宮古行も、13時46分発の快速「リアス」と、16時30分発、19時13分発の普通列車しかない。なんたる索漠とした路線なのだろうか。

淋しいとする理由のふたつめは、盛岡〜宮古間の沿線風景にある。

盛岡13時46分発の快速「リアス」宮古行は途中、上米内《かみよない》から陸中川井までの間、距離にして六三・六キロが無停車となる。所要時間は一時間一二分。東海道本線でいえば東京〜平塚間に匹敵する距離だ。

特急列車ですら、一〇分に一回ぐらい停車駅があっても決しておかしくはないご時世というのに、快速列車が一時間以上も停車しないのは、驚異に値する。

かように停まらないのは、これもひとえに沿線人口の希薄さによるものであろう。茫洋《ぼうよう》としていて曖昧模糊、とらえどころのない北上高地といえども、山田線の貫くあたりは核心部にあたり地勢は凄味があり、深山幽谷、原生林におおわれ秘境の風情すら漂わせている。当然、人などほとんど住んでいない。

山田線敷設の力となったのは、盛岡が生んだ平民宰相、原敬《はらたかし》であった。政友会の勢力拡大のため地方主義的鉄道政策を打ち立て推進させた、「我田引鉄」の総本山のような人である。

山田線に関して、

「人も住んでいないような山の中に鉄道を敷いて、総理は山猿でも乗せるおつもりか」

との野党議員の国会質問があり、

「鉄道営業法によりますれば、猿は乗せないことになっております」

と、原は答弁したという。

山田線も「政治路線」の末席ぐらいには、入りそうだ。

近くて遠い二つの路線

やはり気になる線路の途切れ

話を鉄道地図に戻せば、鍋鉉であろうと猿が乗ろうと、やはり線路はつながっているのに越したことはない。途切れた線路は地図で見ているだけでも痛々しい。

♪線路は続くよどこまでも……。あの歌詞が、私の思考・思想に少なからず影響していそうだ。

もっとも、これまで出てきた途切れの例は、線路が物理的につながっていないわけではなかった。要は、鉄道会社の縄張り的観点による途切れである。

時刻表の索引地図の表現が、ＪＲ線は太線を、私鉄・第三セクターはぬいキズ状の細線を

●図4　大正2年当時の朝鮮・満州における国際連絡ルート　概念図

※日本〜ロシア・ヨーロッパ・中華民国間の国際連絡運輸に関係しない鉄道、航路は省略。

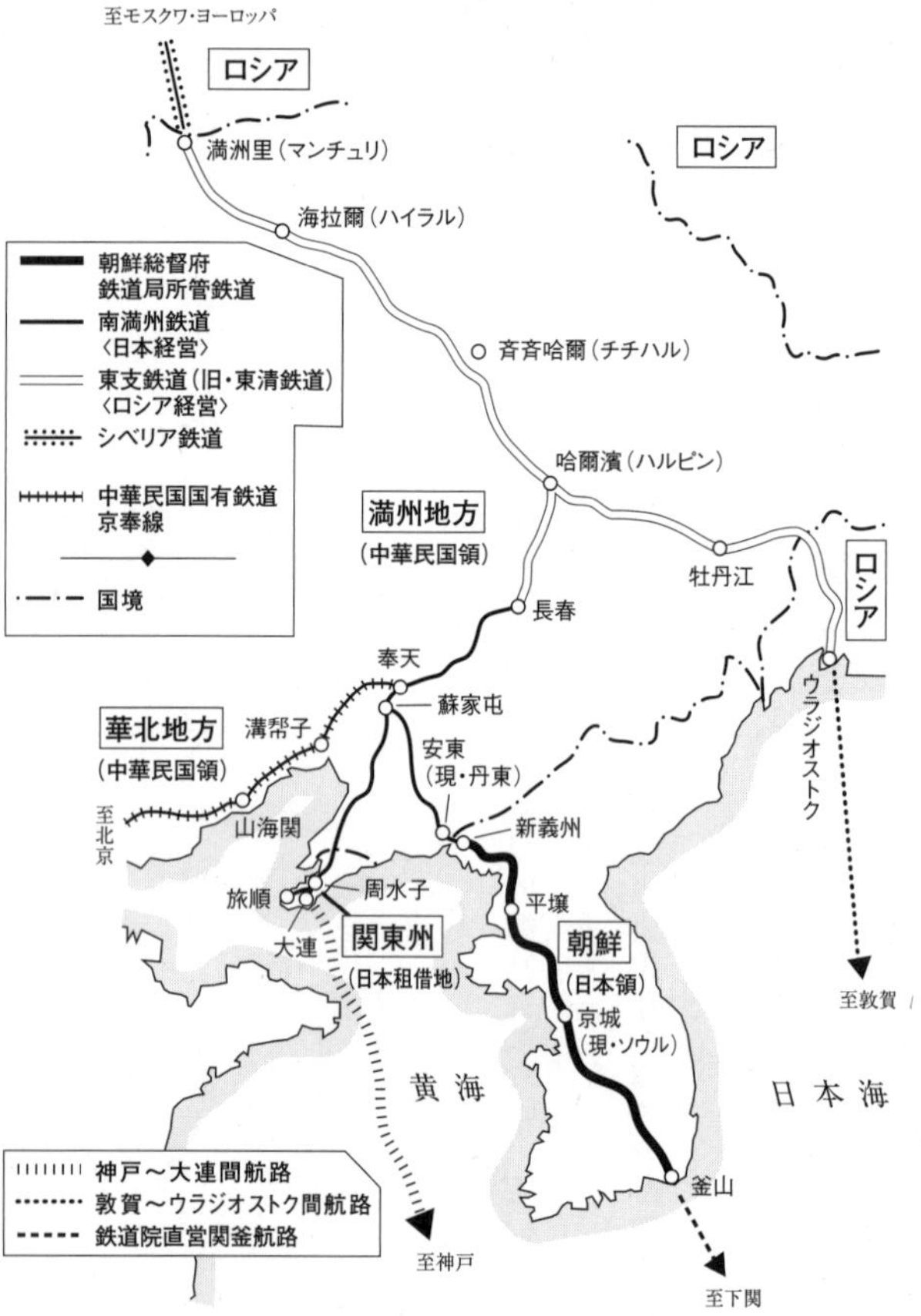

用いているために、あたかも線路が途切れているように見え不快に感じる程度のことで、第三セクター鉄道も太線で表せば、不快感などなくなってしまうかもしれない。
しかし、世の中には、物理的にほんとうに線路が途切れている箇所もある。残念ながら不快感が一掃されることは、まずなさそうだ。

途切れた線路として有名だったのが、朝鮮半島の京義線である。

日露戦争時に、我が国の帝国陸軍臨時軍用鉄道監部が突貫工事で敷設した軍用鉄道を起源とするソウル（旧・京城）～平壌～新義州間の京義線は、日韓併合（明治四三［一九一〇］年）以降の朝鮮半島日本統治時代には、釜山《プサン》～京城間の京釜《キョンプ》線とともに、日本内地と満州、華北、華中、露西亜《ロシア》、欧州とをむすぶ国際連絡運輸の一翼を担う大幹線に発展する。

京釜・京義線は、下関～釜山間の関釜航路を介して東海道・山陽本線と連絡、さらに新義州の先では大陸側の南満州鉄道（満鉄）とも接続し、釜山～新京（長春）間の急行列車「ひかり」「のぞみ」、釜山～北京間の急行列車「興亜」「大陸」などなど、戦前には錚々《そうそう》たる面々がこの京義線を駆け抜けたのである。

ところが、朝鮮半島の日本統治解除後、昭和二五（一九五〇）年に勃発した朝鮮戦争により、京義線は南北軍事境界線付近で切られてしまった。当然ながらここでは、ほんとうに線路がはがされたのである。

問題の箇所は韓国（大韓民国）側の汶山《ムンサン》駅と北朝鮮（朝鮮民主主義人民共和国）側の開城駅の間約一〇キロで、正真正銘の線路の途切れだから、これは私にとっても精神衛生上あまり好ましいものではなかった。

外国の話だからと無視する手もあるけれど、京義線を敷いたのは日本である。そう簡単に割り切れるものでもない。

しかし、南北融和政策から数年前に京義線の線路はつながり、平成一九（二〇〇七）年五月には、一日限りではあるが休戦ラインを越える試運転列車も運転された。昭和二六（一九五一）年に京義線の運行が途絶えて以来、五六年ぶりに走った列車という。まずは目出度い。

戦前のような定期旅客列車の運転は、まったく目途もたっていないらしいが、線路が物理的につながりさえすれば、勝手ではあるが胸のつかえはおりたも同然だ。

考えてみれば、釜山からヨーロッパまで、再び線路がつながったことになる。ロシア国内でのゲージサイズ（軌間＝二本のレールの間隔）の違いは大目にみての話だが、いずれにしても、線路はどこまでも続いているに越したことはない。

●図5　大和・河内地方の鉄道地図

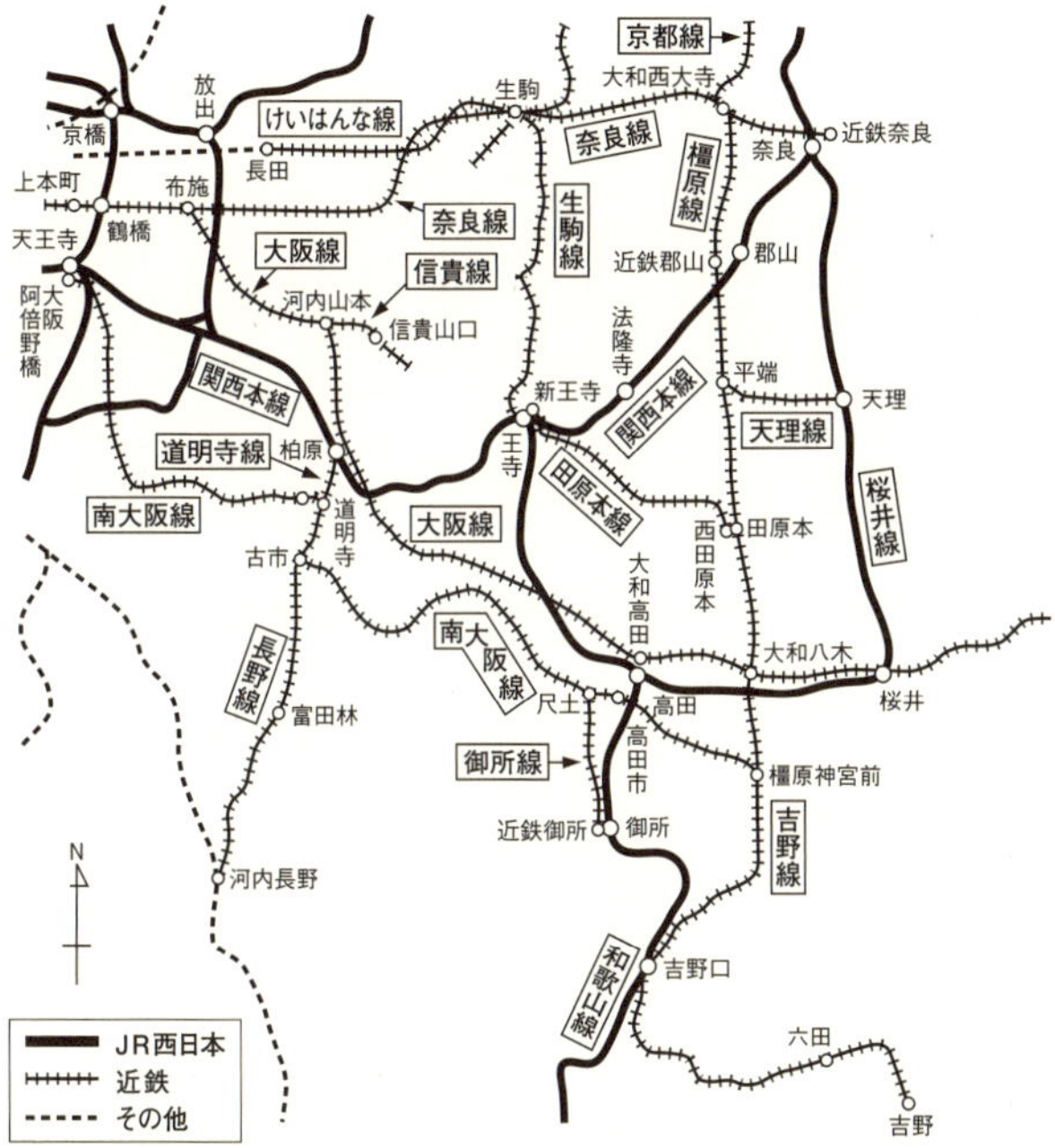

線路の途切れ話、私鉄編

朝鮮半島における〝線路の途切れ解決〟の兆しが見え始めた今、日本、ユーラシア大陸を結ぶ大路線を夢見る私ではあるけれども、一方では国内の、とあるあの箇所がいつも気になっている。と、同時に、貴重な存在とも思っている。

わずか一五〇メートルほど線路を敷きさえすれば、分断されている私鉄路線が一本につながるという、実に惜しまれるあの箇所である。

大和国奈良盆地の鉄道地図は、ＪＲ西日本の路線網と近畿日本鉄道（近鉄）の路線網が複雑に絡み合い、一見、稠密《ちゆうみつ》なネットワークを構築しているかのように窺《うかが》える。

ところが、地図をよくよく見れば、両者はお互いが勝手に独自の鉄道地図を描いてきたかのようで、意外と連携には欠ける点に気付かされる。

代表例は、金魚の一大養殖地として高名な大和郡山市付近。

ちなみに、市名に旧国名の「大和」が冠されるのは、福島県郡山市が先に存在していたから。市名の重複は固く禁じられている（東京都府中市と広島県府中市の併存は唯一の例外）。

この大和郡山市内をＪＲの関西本線（大和路線）と近鉄橿原《かしはら》線が貫き、中心街を外れた南方の田圃の中で両線は立体交差しているにもかかわらず、お互いはまるで知らぬ顔、乗り換え駅など存在しない。

市内の関西本線「郡山」駅と橿原線「近鉄郡山」駅との間は徒歩にして約一〇分前後。格子造りの古風な民家も散見される、ふたつの駅をつなぐか細い道は、細いわりには自動車の通行もけっこう多くて危なっかしいし、交差する路地にでも迷い込めば、入り組んでいるので方向音痴の人なら金魚の養殖池あたりに迷い出てしまうかもしれない。

いずれにしても、ここ大和郡山で、ＪＲと近鉄を乗り継ごうとすれば、なかなか難儀する。

近鉄の方の駅名に、ご丁寧にも「近鉄」が冠されているのは、ＪＲの「郡山」と区別するため。近鉄では、かように駅名を区別する必要が出た場合、「近鉄」を冠するか、旧国名を冠する（「大和西大寺《さいだいじ》」「大和高田」など）のが一般的だが、「新」を冠する（「新王寺」「新祝園《しんほうその》」など）、「市」を尻に付ける（「高田市」など）、という手法も併用されるので手が込んでいる。

　どういう場合に「近鉄」を冠し、どういう場合に旧国名を冠するのか、手法の使い分けについては、時刻表の索引地図からも

駅名の重複回避のために冠される文字はいろいろ

ある程度、傾向がつかめるので、お暇なときにでも考察されてはいかがだろうか（考察する上での注意点は、名を区別しなければならない対象の駅が近隣にあるとは限らないこと、近鉄の駅同士でも名を区別しなければならないケースが一部にあり、それに他社の駅が絡んだりするなど実に複雑となる場合もあること、など）。

近鉄も使う、旧国名を冠する駅名区別の手法を多用したのは、ご承知のように旧国鉄である。全国に路線を張り巡らせた国鉄の場合、放っておけば駅名の重複はさけられない。そこで、旧国名を用い、かなり神経質に駅名の区別を実践してきた。関西本線の「伊賀上野」が、東京の東北本線「上野」と区別するため「伊賀」を冠しているようにである。

けれどもどうだろう。同じ関西本線でも「郡山」は、見事に東北本線の「郡山」と重複しているではないか。距離が離れているので実害はないのかもしれないが、本来なら前者を「大和郡山」とでもしておけばすっきりしたはずである。

この例に限らず、国鉄・ＪＲの駅名には重複駅名がけっこうあり、同じ奈良盆地の和歌山線・桜井線の「高田」も信越本線の「高田」と重複している。旧国名を使い区別に尽力したわりにはもれも多く、その大多数は私鉄買収路線の駅が関係しているようだ。

明治後期の鉄道国有化以前、関西本線は関西鉄道、東北本線は日本鉄道と、それぞれ別の私鉄だったから「郡山」の重複も、まあやむを得ないところなのだろう。ただ、「伊賀上野」に関しては、国有化後にわざわざ「上野」から改称している。

なぜ「近鉄王寺」駅ではないのか？

と、ここまでは、少し長くなったが前座の話で、これからがいよいよ私の気になっている〝あの箇所〟の話となる。

ＪＲ西日本と近鉄の路線が錯綜する奈良盆地の中西部に王寺《おうじ》という町がある。大和国と河内国（大阪府東部）とを分ける生駒《いこま》山地南端の信貴《しぎ》山の東裾に広がる商業地で、近年は大阪のベッドタウンとしても発展著しい。

生駒・信貴の山並みは、ここ王寺の西方で尽き、すぐ南に新たに金剛山地が起ころうとするが、その挟間から大和川が大阪平野に流れ出て、それをなぞるように関西本線が西へと走っている。

王寺の町に関西本線は、構内にいくつもの線路を擁する王寺駅を構える。そして、同駅北側の東の外れの路地裏みたいな場所に、近鉄田原本線の新王寺駅が、まるで寄らば大樹の陰とばかりに、王寺駅に寄り添うような感じでこぢんまりと佇んでいる。

●図6　王寺・新王寺駅　位置関係 概念図

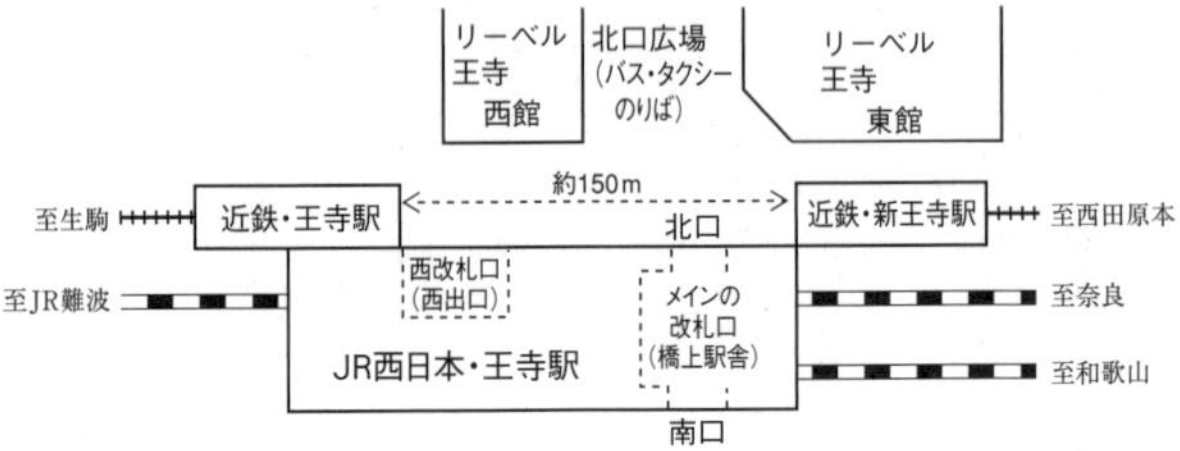

ここで「新王寺」なる駅名にふたつの疑問を抱かれた方がおられたら、前座の話もけっして無駄ではなかったことになる。

疑問のひとつめは、なぜJRの王寺駅に隣接していながら、わざわざ「新」を冠して駅名を区別しているのか。疑問ふたつめは、区別をするならするで、なぜ近鉄の一般的な流儀に倣い「近鉄王寺」とでもしなかったのか、である。

しかし、かかる疑問も、王寺駅の北側西端に置かれたもうひとつの近鉄駅の存在を知れば、謎は一気に氷解する。

〝もうひとつ〟とは、近鉄生駒線の王寺駅である。

こちらの駅は「王寺」を名乗るだけに、JRの王寺駅とは改札口を接するなど一体感が強い（JRは橋上駅舎にあるメインの改札口とは別に、生駒線連絡用の「西出口」と称する改札口を設置）。対する「新王寺」は、JRの駅に隣接してはいるものの改札口は少し離れており、いくぶん

生駒線王寺駅（上）と田原本線新王寺駅

孤立した存在となっている（ＪＲのメイン改札から見た場合、生駒線王寺駅よりも新王寺駅のほうが近くに位置してはいるが……）。

だからこそ「新」を冠し、ＪＲ「王寺」ならびに生駒線「王寺」と区別する必要があるのだろうが、特に後者との区別は明確にしておかなければならない。なにしろ、田原本線「新王寺」と生駒線「王寺」は一五〇メートル前後も離れており、その間はタクシーなどが屯《たむろ》するＪＲ王寺駅北側の駅前広場の歩道を歩いていかなければならないのだから。

「新王寺」が流儀に倣った「近鉄王寺」とされないのも、生駒線「王寺」が存在するためだろう。もしも「新王寺」が「近鉄王寺」だったならば、生駒線の「王寺」が近鉄の駅ではないような印象を与えてしまう。

やはり新王寺駅は、田原本線の前身である大和鉄道時代からの駅名「新王寺」を名乗るのが、もっとも適切なようだ。駅舎など外見はともかく、王寺駅よりも開設が新しいのは確かなのだし。

ここで、ＪＲの王寺駅、近鉄の王寺・新王寺駅の位置関係を整理しておこう。

関西本線の王寺駅は東西方向に横長の駅で、その北側の駅前広場を挟むような格好で北西側に生駒線王寺駅が、北東側に田原本線新王寺駅がそれぞれ置かれている。二つの近鉄の駅は、お互いがにらみ合うように駅舎正面を相手方に向け対峙しつつも、両駅は一五〇メートルほど離れており、間を駅前広場の歩道が結んでいる。

昔は、この歩道の位置に関西本線王寺駅の駅舎本屋が張り出していたりでゴミゴミしていたため、さほど気にはならなかったのに、ＪＲ駅舎が橋上化され駅前がすっきりしてみると、生駒線と田原本線は実に惜しまれる状態で線路が途切れていることが視覚的にもよくわかってしまい、私にとって〝あの箇所〟として実に気がかりな存在と化したのであった。

乗っ取りあればこその奥深き鉄道地図

ただ近鉄の事例は、線路が途切れているとはいっても、京義線のようにつながっていたものが人為的に分断されたわけではなく、そもそも元からつながってはいなかったのだから、その点では精神衛生上、なんとか救われる。

いや、むしろ、多くの鉄道会社を吸収合併し巨大化した近鉄という会社の歴史を今に伝える貴重な生き証人との見方もでき、そういった観点で王寺・新王寺駅にあらためて接してみると、逆に珍重したい気分にもなってくるから不思議なものである。

近鉄の母体は明治四三（一九一〇）年創立の大阪電気軌道（大軌）なる会社である（創立

当初のわずかな期間は「奈良軌道」と称していた)。

これが大正三(一九一四)年の上本町〜奈良(大軌奈良)間(現在の近鉄奈良線)開業を振り出しに河内・大和地方に路線網を拡充、最終的には子会社の参宮急行電鉄(参急)などを操り伊勢や尾張《おわり》(名古屋)にまで進出する。その過程において、周辺に散在した数多くの鉄道が買収され(要するに乗っ取られ)、現在の近鉄ネットワークに組み込まれていった。

なかなか華麗なる企業史であり、経緯は木本正次著『東への鉄路』という小説にも詳しく、読めば血湧き肉躍って夜も眠れなくなる。そういう歴史であるからして、近鉄各線の先祖は実にいろいろ多士済々、王寺付近だけを見ても、田原本線が地元資本の大和鉄道という蒸気鉄道を祖とするのに対し、生駒線の方は京阪電気鉄道の息のかかった信貴生駒電気鉄道(↓信貴生駒電鉄)が敷設したものである。これならば王寺駅と新王寺駅が一五〇メートルぐらい

大和鉄道を祖とする近鉄田原本線

●図7　大正7年当時の大和・河内地方の鉄道地図

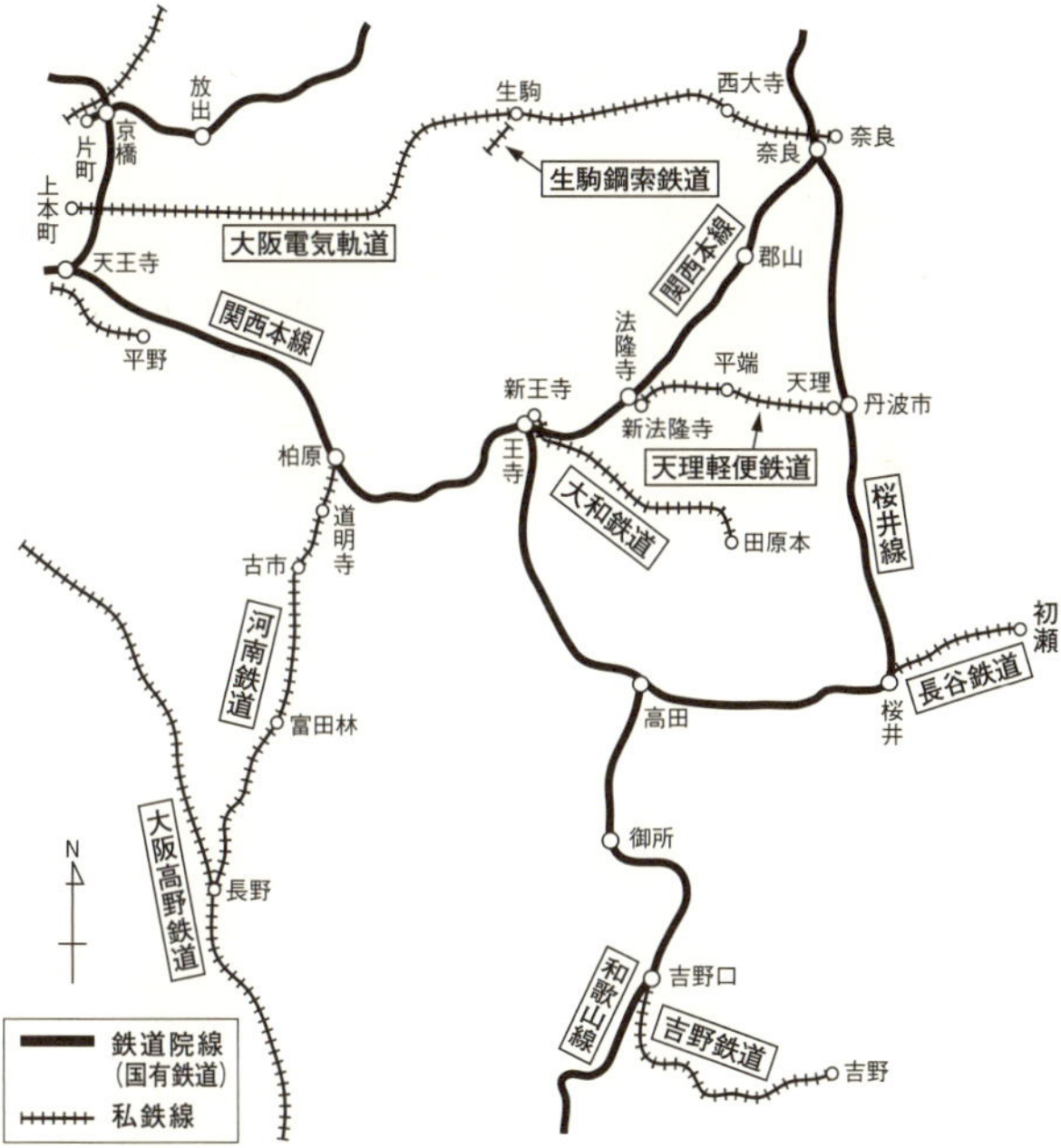

離れていようとも、ごく自然なものに受け止められる。

大和郡山市付近のようにJR線を無視したところがあるかと思えば、王寺のようにJR線と連絡する駅があったりするのも、近鉄各線の生い立ちの違いが関係しているのだろう。

大和・河内地方の近鉄路線図を眺めると、おおむね大軌直系の路線はJR線を無視している。大軌直系とは奈良線、橿原線、大阪線(桜井以西)、信貴線だが、これらの路線では、ＪＲ線との交差部に連絡駅が設けられていないケースが多い。大軌ははなから、独自のネットワークをつくろうと考えていたのだろうか。

大和鉄道が開業した大正七（一九一八）年当時と、現在の大和・河内地方の鉄道地図を比べてみると、おぼろげにも見えてくるのだが、この地方では国鉄線（大正七年当時は鉄道院線と呼ぶのが一般的）の支線としての役目を担ってきた小私鉄までもが、買収により大軌（→関西急行鉄道→近畿日本鉄道）の支線に再整理されていったようだ。

代表例は新法隆寺〜平端《ひらばた》〜天理間の天理軽便鉄道という蒸気鉄道で、大正七年当時は関西本線の旅客を宗教都市天理へ最短距離で輸送する、同本線の支線的存在であった。

大軌畝傍《うねび》線（現・近鉄橿原線）建設に対する監督官庁の条件から、天理軽便《けいべん》鉄道が大軌に買収され、同社の天理線となるのは大正一〇（一九二一）年。

端から見れば、経営基盤の弱い小私鉄を泣く泣く面倒みさせられたような感じだが、ここからが大軌の気骨あふれるところ。さっそく、畝傍線と接続する平端から天理までの間を電化やゲージサイズの変更などをおこない大軌線規格に改築して、自社ネットワークの拡大に活用してしまったのである。

残された新法隆寺（→大軌法隆寺→関急法隆寺→近畿日本法隆寺）〜平端間は、以降もしばらくは未電化の軽便線のまま運行を続けるも、大東亜戦争末期のどさくさに紛れて昭和二〇（一九四五）年二月に休止、その後、復活することもなく昭和二七（一九五二）年には遂に廃線となった。一方の平端〜天理間は、今も近鉄天理線として健在である。

関西本線の支線だと思っていた路線が、気がついてみればいつの間にか近鉄の支線になっているわけだから、これでは国鉄もたまったものではないだろう。

奈良県では、長らく国鉄が近鉄に対し劣勢を強いられていたのも、大軌のかかるしたたかさが大きく関係していそうだ。

近鉄孤高の田原本線

国鉄系支線の大軌支線化が推し進められ、官尊民卑の鉄道地図から民尊官卑の鉄道地図に塗り替わった河内・大和地方という観点から見れば、大和鉄道が変じた近鉄田原本線は、実に希有な存在に思えてくる。

なにしろ田原本線は、未だ関西本線の支線としての機能が強く、他の近鉄線との間の旅客流動が極端に少ないのだから。

新王寺駅がＪＲの王寺駅に近く、同胞の生駒線王寺駅とは離れていることについて、特に

王寺方は単線の近鉄生駒線

クレームが出ないのも、田原本線が近鉄一家の構成員というよりも関西本線の子分的存在であるならば、納得がいく。

むろん、近鉄生駒線についても王寺付近では関西本線の支線的機能がある。しかし、全体的な旅客の流れを見れば、生駒線はやはり生駒で接する近鉄奈良線の支線といえる。生駒側が複線化されているのに対し、王寺側が単線のままというのが、その証《あかし》だろう。

一方の田原本線は、新王寺側だけでなく、もう一端の西田原本側でも他の近鉄線とはつながっていない。

西田原本駅のすぐそばを近鉄橿原線が走ってはいながら、同線の田原本駅と西田原本駅との間は王寺・新王寺と同様の徒歩連絡となっており、乗り換えにはだいたい五分ぐらいを要するのである（【余談5】）。

すなわち田原本線は、近鉄のネットワークから完全に孤立した路線なのであった。

田原本線の前身、大和鉄道を大軌が傘下におさめたのは大正一四（一九二五）年とかなり古く、天理軽便鉄道の買収同様、畝傍線（現・橿原線）延伸に伴う措置だったといわれている。ただ、大和鉄道は、天理軽便鉄道のようにただちに吸収とはならず、伊勢進出のための路線免許取得のダミー会社として、形だけの独立が保たれる（大軌が直接、伊勢に至る鉄道路線の免許を当時の監督官庁である鉄道省に申請しても、諸々の事情から却下される恐れがあったため、とりあえず大和鉄道に免許申請を行わせ、取得後にそれを新設の参宮急行電鉄に譲渡させた）。

これを大日本帝国と満州帝国の関係に似ていると言う人もいるけれども、大和鉄道は満州帝国よりもはるかに長寿で、参宮急行電鉄の手により伊勢までの路線が完成した後も独立は保持され、戦後に入り昭和三六（一九六一）年の信貴生駒電鉄（生駒線の前身）との合併を経て、昭和三九（一九六四）年にようやく近鉄との統合をはたすのであった。

王寺・新王寺間、田原本・西田原本間の徒歩連絡、つまり田原本線の孤立化は、路線それ自体が近鉄にとってはさほど魅力的でなかったことによる統合の遅れからきたもの、と、私は愚考している。

【余談5】 西田原本駅と田原本駅は並列に配置され、その間は、やはり一五〇メートルぐらい離れていて、両駅の北側には田原本線と橿原線が約五〇メートルまで接近する箇所があり、そこには車両の出し入れのための連絡線が設けられている。連絡線を設けるぐらいならば駅を統合してもよさそうなものの、そうしないのは、やはり乗り換え需要が今ひとつだからだろう。

曲線の本線、直線の支線

曲がりすぎる本線の不思議

王寺から関西本線に揺られ西へ向かえば、生駒・信貴の山並みと金剛山地の挟間の大和川の谷あいを列車は戣々と進んで、いつしか大和・河内の国境を越える。

このあたりは名にし負う地すべり地帯で、危なっかしい箇所を避けるために関西本線は、大和川の両岸を行ったり来たりする。

河内国に入れば、やがて左右の山壁が遠ざかり、前方に平野が開けてくる。左手に寄り添う大和川を越えてきた複線の線路が、突然、頭上を横切り、すぐに右側を並んで走る。大軌直系の近鉄大阪線だが、やはり関西本線との乗換駅は設けられていない。

大和川の対岸、つまり南の方角には、緑の木々に被われたこんもりとした丘が幾つも点々と見える。応神天皇陵や日本武尊《やまとたけるのみこと》白鳥陵など二〇〇メートル級の巨大古墳が点在する古市《ふるいち》古墳群に違いない。

右手を走る近鉄大阪線が家並みの向こうに消えたかと思うと、直後に左から、こんどは単線のか細い線路が近づいてきた。近鉄道明寺《どうみようじ》線である。これが関西本線にすり寄ると、すぐに柏原駅に到着する。

柏原では、降りた同じホームの反対側に近鉄電車が待っていた。

漢字で「柏原」と表記する駅は、東海道本線と福知山線にもあるが、それぞれ読みがまったく異なっている。関西本線のが「かしわら」、東海道本線が「かしわばら」、福知山線が「かいばら」という具合。

英語圏の人はよく日本語が難解だというけれども、かかる駅名を並べられれば日本人にとっても難解である。これも日本地名、日本文化の奥深いところとして誇りに思うようにしている。

三つの駅で漢字が重複しているのは、関西鉄道、官設鉄道、阪鶴《はんかく》鉄道という各線の前身の違いによるものだろう。

関西本線の柏原駅と古市古墳群にほど近い道明寺駅を結ぶのが近鉄道明寺線である。それではまず、乗ってみることにしよう。

今来た路を引き返すような格好で柏原を出発すると、お世話になった関西本線が左へと遠ざかり、すぐに築堤《ちくてい》の緩い坂を登りはじめる。民家の屋根が下へ下へと沈んでいく。生駒山系の青黒い山々が左窓に横たわり、前方には金剛山地の先陣を務める二上山がラクダのコブを二つ並べたかのようなその山容を綺麗に見せている。天武天皇の皇子である大津皇子の悲劇の舞台として知られる山だ。

坂を登り切ったところで「柏原南口」という駅に停まる。大和川の築堤にへばり付くようにして設けられたバラックのような駅で、風通しが実によさそうである。

それを過ぎるとすぐに大和川を古風な鉄橋で渡る。この大和川橋梁《きょうりょう》の橋桁《はしげた》は、明治の御代から使われているものと聞く。

大和川を渡り終えると古墳群を遠望しながら坂を下りそのまま南下、民家の脇をしばらく進み、西の方から急なカーブを切って本線格の近鉄南大阪線の線路が近づき終点道明寺に到着。所要時間約四分、距離二・二キロという小さな旅であった。

物足りないので、急カーブに車輪をきしませ入ってきた南大阪線電車に乗り、ほぼ直線で南に向かう線路を、応神天皇陵を右に見ながら次の古市へと進んだ。古市は、真夏のＰＬ花火芸術で知られる富《とん》田林《だばやし》方面への支線、近鉄長野線の分岐駅である。

近鉄道明寺線の大和川橋梁は明治期の産物

この古市における南大阪線と長野線の分かれ方がどうも妙だ。

本線格の南大阪線が急カーブを描いて東に向きを変えるのに対し、長野線の方は真っ直ぐに南へと進んでいく。南大阪線から長野線が分岐するというよりも、長野線から南大阪線が分岐していくような格好ではないか。

そういえば、先ほどの道明寺駅も変であった。支線の道明寺線がほぼ直線で駅に進入するのに対し、南大阪線は無理な急カーブを描き入ってくる。こちらも、南大阪

●図8　道明寺・古市付近の鉄道地図

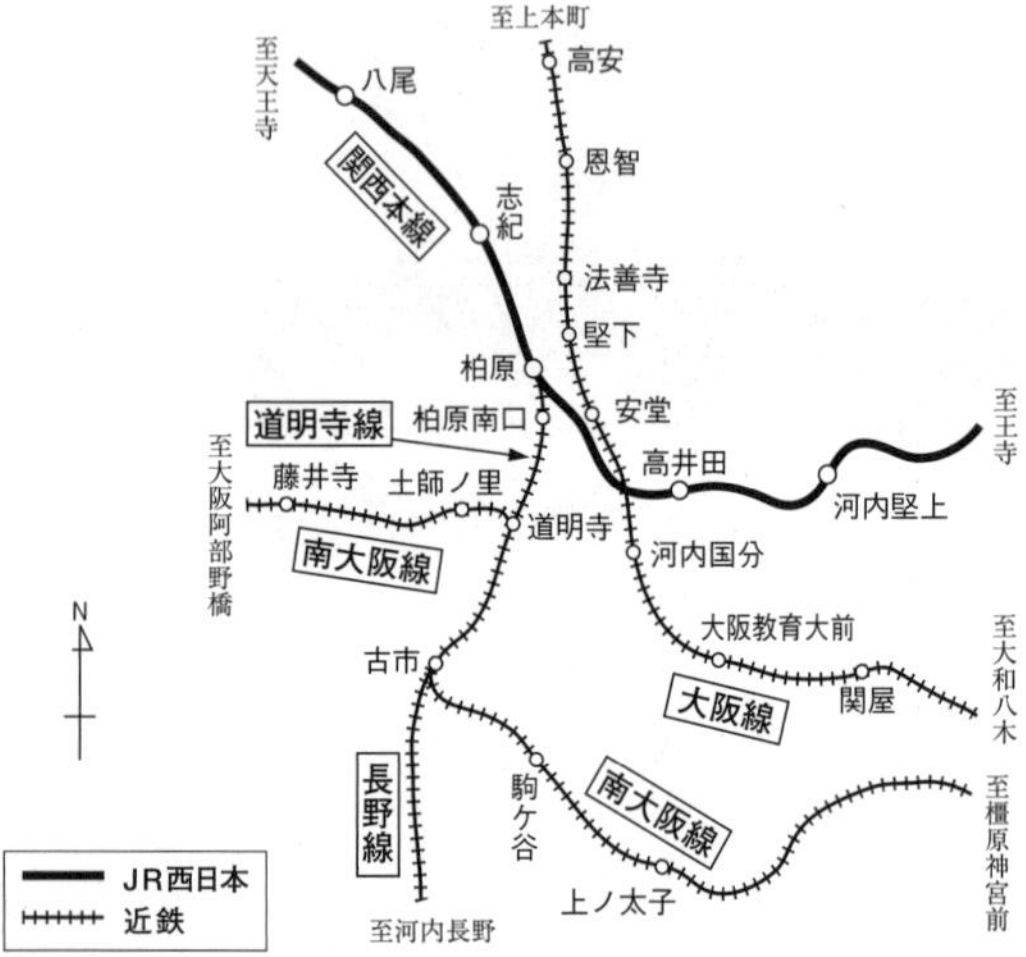

線に道明寺線が合流するというよりも、道明寺線に南大阪線が合流してくるような感じだ。

　かかる南大阪線の不作法は、地図を見ればより明確に認識することができる。

　道明寺・古市界隈では、南大阪線は古墳群を抱くようにZ状に進んでいく。土師《はじ》ノ里《さと》駅付近の仲津姫《なかつひめ》皇后陵を避ける急カーブの存在から類推して、点在する古墳を避けて線路を敷設したらZ状の線形となってしまった、との仮説もできるが、どうやら原因はそんなことではないらしい。

　原因をつきとめるためのヒントは、ここまでの話の中にも潜んでいる。

道明寺線と南大阪線の道明寺～古市間に長野線をつなげば、ほぼ真っ直ぐに南下していく一本の線路が浮かびあがってくること。大和川橋梁の橋桁が明治時代から使われているものらしいこと。以上の二つが、まあヒントといえばヒントである。

さて、どのような答えが導き出されただろうか。

線路の曲がり具合が教える鉄道敷設の順番

道明寺線は近鉄ネットワークのなかでも忘れ去られたような地味な小路線だが、これが近鉄最古の路線であることは知る人ぞ知るで、開業はなんと明治三一（一八九八）年。大阪電気軌道（大軌）の会社創立よりも古い（【余談6】）。

そのような由緒ある路線なのに、妙に恬淡《てんたん》としているのは、道明寺線が大軌の直系ではない外様《とざま》路線だからであろう。

道明寺・古市界隈の鉄道地図形成史の要諦はこうである。

草分けは地元資本の河陽鉄道なる会社で、同社が明治三一（一八九八）年三月に、大阪鉄道（初代）の柏原と古市の間に路線を開業させる（大阪鉄道〔初代〕は現在の関西本線・JR難波〔旧・湊町〕～奈良間を開設した私鉄で、明治三三（一九〇〇）年に関西鉄道に吸収された）。当初は小型蒸気機関車がマッチ箱のような小さな客車を牽《ひ》いて走っていたという。

同年四月には、現在の長野線の一部である古市〜富田林間も営業を開始するが、マッチ箱のような小さな客車を走らせる土着の弱小会社だけに河陽鉄道は資金が乏しく、富田林延伸後、台所は破産寸前の火の車になったという。そこで、大阪財界の有力者が乗り出し河南鉄道を設立、明治三二（一八九九）年五月には、柏原〜富田林間の路線すべてが河陽鉄道から譲渡されるのであった。

資金的に余裕のある河南鉄道は、高野詣《こうやもう》での参拝客輸送を当て込み明治三五（一九〇二）年に長野（現・河内長野）まで路線を延長するも、すでに大阪の汐見橋と長野を結び、いずれは紀見峠《きみ》を越えて橋本、高野山方面への進出を目論む高野鉄道（現・南海高野線）と、ここで競合関係に陥る。

両社の乗客獲得戦は、大阪都心に乗り入れる高野鉄道の方がどう見ても旗色がよいが、さらにである。東武鉄道の再建で名を上げた「鉄道王」こと根津嘉一郎を社長に迎えた高野登山鉄道が明治四〇（一九〇七）年に設立され、高野鉄道の既存事業を引き継いだだけでなく、根津の信用により集まった豊富な資金を武器に橋本延伸工事に乗り出したからたまらない。

飛ぶ鳥を落とす勢いの高野登山鉄道、対する河南鉄道は未だ関西本線のローカル支線的存在で、このままいけば一地方の小私鉄で終わってしまおう。

そこで、河南鉄道も勝負に出る。

大正八（一九一九）年に社名を大阪鉄道（大鉄）に改称、名の通りに道明寺から分岐して西進し大阪阿部野橋駅に至る路線を大正一二（一九二三）年に完成させるのであった（「大阪阿部野橋」の所在地名は当初「阿部野」だったが、後に「阿倍野」に変わったため、地名と駅名の漢字表記が微妙に異なる駅となった。なお、開設当初のごく短い期間は「大阪天王寺」を名乗っていたらしい）。

商都大阪に乗り入れれば、当然、乗客もうなぎ登りとなろう。勢いづいた大鉄は、こんどは古市から分岐して東進し、建国の地である大和橿原に至る路線の建設に乗り出し、これも昭和四（一九二九）年に見事完成させる。

今は近鉄南大阪線とされる大阪阿部野橋〜橿原神宮前間は、かような経緯により誕生したわけで、最初に柏原〜道明寺〜古市〜富田林〜河内長野を結ぶ路線が存在し、そこから社運隆盛を企て東西に枝を伸ばしていったのだから、それは、道明寺と古市に急カーブが生じてもしかたのない話である。

二つの急カーブは、線路敷設の歴史を今に伝える語り部だったという次第。

さて、その後の高野登山鉄道と大鉄こと大阪鉄道であるが、前者は大阪高野鉄道と名を変え、老舗の有力企業南海鉄道と対等合併を果たすまでになる。

一方の大鉄は、大阪〜橿原間で大軌と競合関係となり、いろいろ火花を散らした結果、昭和一八（一九四三）年に大軌が変じた関西急行鉄道に戦時統合され、大鉄路線網は近鉄ネットワークに組み込まれるのであった。

【余談6】「近鉄創立〇〇周年」というような社歴のカウントは、あくまでも大軌の会社創立日を基に数えている。近鉄は関西大手私鉄五社のうち最も若い会社だが、仮に道明寺線を建設した会社の設立年で社歴をカウントしたならば、明治一七（一八八四）年設立の阪堺鉄道を祖とする南海に次ぐ二番目に古い会社となってしまう。このあたりが歴史は見方によって変わるというおもしろい点であり、さらにこじつければ、大軌とその戦略的子会社の参急の合同で出来た関西急行鉄道が、昭和一九（一九四四）年に老舗の南海鉄道と戦時統合して生まれたのが近畿日本鉄道だから（関西急行鉄道、南海鉄道の双方が解散し、両社の事業すべてを新設の近畿日本鉄道が継承した）、阪堺鉄道を祖として祭り上げた近鉄の系図がむりやりつくれないわけでもない。もっとも戦後、近畿日本鉄道から南海電気鉄道が分離独立したため（南海電気鉄道は高野山電気鉄道を登記上の母体とする会社で、近畿日本鉄道から旧・南海鉄道の事業一切を譲渡された）、かかる系図は嘲笑の対象となろうが、多くの戦国武将が捏造《ねつぞう》した祖を源氏か平氏とする系図よりは、実状をとらえているように思う。

絡みあう路線の絡みあう過去

他人行儀な同胞

ややこしい話ばかりで恐縮するが、似た話題をついでにもう一席。

大和・河内地方における近鉄路線は、見た目だけでなく歴史も複雑だったが、関東にも複雑自慢の鉄道地図を擁する私鉄が存在する。平成一六（二〇〇四）年に商法違反や株式偽装工作など一連の不祥事が発覚し、オーナー一族や実質的な親会社が経営から排除され、資本関係に大きな変化が生じた西武鉄道がそれである。

西武の鉄道地図は、池袋線に新宿線という二つの幹が東西方向に並行する特異なものだが、両者は単純に「〓」状に併走するのではなく、中間地点の所沢で交差、互いが上下の位置を入れ替えるという芸の細かさを見せている。

その所沢界隈を地図で見れば、池袋線と新宿線の絡みに加え、いくつもの支線が錯綜し、糸がもつれたかのような複雑な様相を呈している。複雑なことでは全国一の誉れも高かった、かつての北九州筑豊地方の国鉄路線図をまさに連想する眺めである。

糸のもつれたなかの国分寺線と多摩湖線の交差部も、なかなかの珍味といえる。

両線とも同じ西武の仲間であるにもかかわらず、大和郡山付近の関西本線と近鉄橿原線の関係のように、交差部には乗り換え駅が設けられていない。これも、昔、筑豊で見られた光景である。旧国鉄田川線と添田線の交差部には駅が設けられていなかった。

お互い人前では他人行儀だが、実は結ばれている、なにやらオフィスにおける不倫カップルの趣である。

多摩湖をめぐる不可解な過剰投資

所沢界隈の西武の鉄道地図には、今ひとつ不可解な点がある。

路線が絡み合って〝複雑な様相を呈している〟箇所からは、三本の支線が西方へとのびて、まるで餌場に群がる三匹の蛇のように、多摩湖のほとりに達している。

多摩湖こと村山貯水池は、狭山《さやま》丘陵の浸食谷を利用した人造湖で、東京都心への給水を目

●図9　所沢・多摩湖付近の西武鉄道路線図

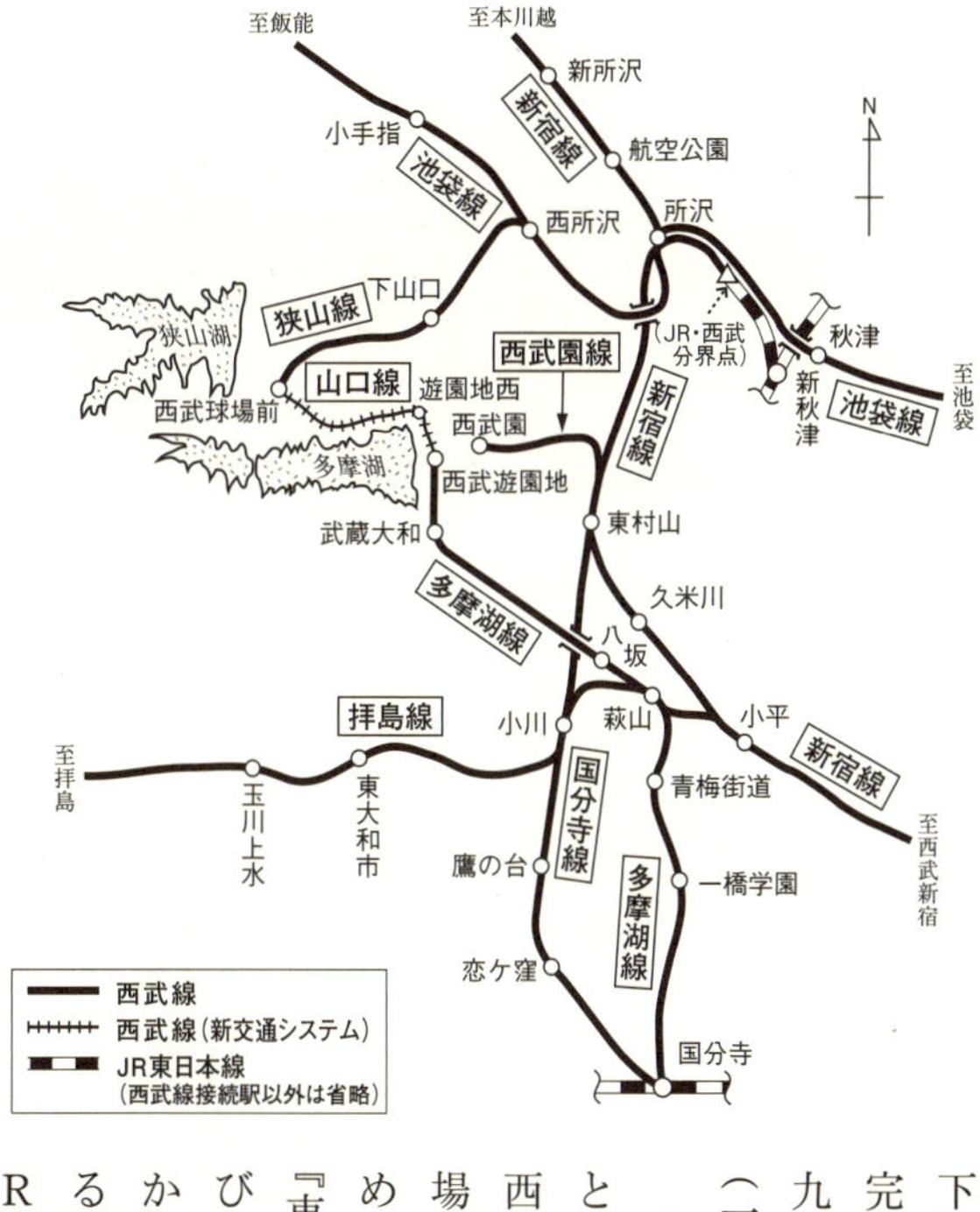

的としている。上貯水池、下貯水池の二つからなり、完成は前者が大正一三(一九二四)年、後者が昭和二(一九二七)年であった。

そこに群がる三本の支線とは、一つめが、池袋線の西所沢から分岐して西武球場前駅に至る狭山線、二つめが、以前、志村けんの『東村山音頭』で脚光をあびた(?)新宿線の東村山から分岐して西武園駅に至る西武園線、三つめが、JR中央線(中央本線)の国分寺を起点に西武遊園地駅に至る多摩湖線であり、いずれも昭和四（一九二九）年から翌年にかけて、立て続けに多摩湖畔まで敷設された。

昭和六〇（一九八五）年に開業した新交通システムの山口線・西武遊園地〜西武球場前間を無視して地図を眺めれば、三線はほんとうに多摩湖に群がる蛇かミミズに見えてくるから不気味である。

〝不可解な点〟とするのは、ミミズに見えることではなく、三本もの支線をほぼ同じ時期に一気に敷設してしまった理由である。

いくら多摩湖が、東京近郊の手頃な行楽地で、西武自身も積極的に観光開発を進めたとはいっても、ひとつの鉄道会社がそこに三本もの路線を敷くのは尋常とは思えない。明らかに過剰投資であり、合理的な鉄道ネットワークづくりとは、お世辞にも言えない。

なぜ、こんなにもたくさんの貯水池行き支線をつくってしまったのだろうか。

村山貯水池に向かう路線の一つ、西武鉄道多摩湖線

所沢界隈は路線も複雑なうえに、駅名もなんだかわかりづらい。

私は昔から、「西武球場前」「西武園」「西武遊園地」の三駅について、どれがどの駅なのかよくわからなかった。

脳みその出来具合の問題だと一笑に付されそうだけれど、戦前の三支線の終点駅名もなかなかのものがあった。なんと「村山貯水池際」「村山貯水池前」「村山貯水池」である。

戦後は「狭山湖」「西武園」「多摩湖」と称した時代が長く続き、その頃が一番わかりやすかったが、企業戦略なのかなんなのかよくわからないものの、〃西武ナントカ〃に揃えられてしまい、戦前の〃村山ナントカ〃並みの覚えづらさとなってしまったのは誠に残念であった（【余談7】）。

【余談7】　三支線の終点に関する変遷は、駅名に加え位置関係もなかなかややこしい。まず、狭山線の終点は、昭和四（一九二九）年に山口線として開業したときは、現在の「西武球場前」より六〇〇メートルほど南の位置に「村山公園」を設置。昭和八（一九三三）年に同駅を「村山貯水池際」と改称するが、昭和一六（一九四一）年、「村山」に再改称された。戦争末期の休止を経て、昭和二六（一九五一）年に「村山」より三〇〇メートル北へ後退した位置に「狭山湖」を設置し営業を再開。狭山湖こと山口貯水池（多摩湖の北西に隣接）最寄り駅として売り出すものの、昭和五三（一九七八）年、西武ライオンズ球場開設にともない駅の位置をさらに三〇〇メートル北へ後退させ、翌五四（一九七九）年には駅名も「西武球場前」に改める。

次は西武園線。同線は昭和五年に村山線として開業し、当時の終点は、現在の「西武園」よりも南西の位置、多摩湖線の現「西武遊園地」の東側付近に設けられた「村山貯水池前」で、昭和一六（一九四一）年に同駅は「狭山公園」となる。戦争末期の休止を経て戦後は「村山貯水池」に改称されながらも、昭和二五（一九五〇）年に「村山貯水池」手前の「野口信号所」から分岐して「西武園」に至る新線が開業、同時に「村山貯水池」方面の旧線は廃止となった。これは西武園競輪開設にともなう措置であり、村山線「村山貯水池」（旧「村山貯水池前」）は多摩湖線「狭山公園前」（旧「村山貯水池」）と一〇〇メートルほどしか離れていない至近距離に立地したことが、戦後、なにかと問題視されていた。

頭が混乱してきそうになったところで、最後は多摩湖線。昭和五（一九三〇）年に萩山から延伸したときの終点は「村山貯水池（仮駅）」で（「村山貯水池下」とする説もある）、同駅は、日本海軍を想起する駅名の現「武蔵大和」付近にあったという。多摩湖からはだいぶ遠い。昭和一一（一九三六）年には、その九〇〇メートル先に「村山貯水池」を開設、ようやく名が体を表すようになった矢先、昭和一六（一九四一）年には「狭山公園前」に改められてしまう。戦後は昭和二六（一九五一）年、「狭山公園前」を「多摩湖」と改称、昭和三六（一九六一）年に線路を四〇〇メートル延ばし「多摩湖」を移設、昭和五四（一九七九）年には駅名を「西武遊園地」とする。そして、新交通システム山口線開業を機にこころもち駅を北側に移し、現在の姿となるのであった。

やれやれ、それにしても複雑な変遷であるが、ひとつ気がかりなことが出てきた。昭和一六（一九四一）年に三支線の終点駅名が一斉に改められ、「村山」「狭山公園」「狭山公園前」となって〝貯水池〟の文字が消えてしまう。どうしたのだろう。昭和一六年といえば、対中国戦が泥沼化するなか、アメリカ・イギリス・オランダ連合軍との戦端も開かれ、国の戦時体制が強化に向かった年である。その前後には、全国規模で駅名改称が顕著となった。「横須賀軍港」が「横須賀汐留」（現「汐入」）、「陸士前」が「相武台下」、「師団前」が「藤森」といった具合にである。所沢界隈でも他に、「所沢飛行場」を「東所沢」、「所沢飛行場前」を「所沢御幸町」、「山口貯水池」を「上山口」と改めている。村山貯水池も山口貯水池も帝都東京の大切な水瓶《みずがめ》だ。堰堤には高射砲陣地も設置されたという。敵国に重要施設の位置情報を与えないため、駅名改称は必須だったのだろう。

複雑な鉄道地図に複雑な歴史あり

さて、過剰投資の謎解きである。

お察しの通り原因は、三つの私鉄が競い合い観光地村山貯水池目指して線路を敷設したため。三つの私鉄とは武蔵野鉄道、西武鉄道（初代）、多摩湖鉄道であった。

お暇なら、緑色、黄色、ピンク色の三色のラインマーカーを用意され（まあ、色の種類はなんでもいいが）、所沢界隈の鉄道地図のコピーにでも次のような加工を施していただきたい。

まず、緑色のマーカーで池袋線と狭山線・西所沢〜西武球場前間をなぞる。次に黄色で新宿線と国分寺線・国分寺〜東村山間、西武園線・東村山〜西武園間をなぞる。最後に多摩湖線・国分寺〜萩山〜西武遊園地間と拝島《はいじま》線のうち小平〜萩山間をピンク色でなぞれば、戦前の三私鉄競合時代のおおよその勢力地図の出来上がりである。

山口線と拝島線の萩山以西が色なしで残っているのは、どちらも戦後になって現在の西武鉄道が敷設したものだからで、目障りでしたら、修正液かなにかで消していただきたい。

では、どの色がどの会社であるかというと、緑色が武蔵野鉄道、黄色が西武鉄道（初代）、

●図10　昭和14年当時の所沢・多摩湖付近の鉄道地図

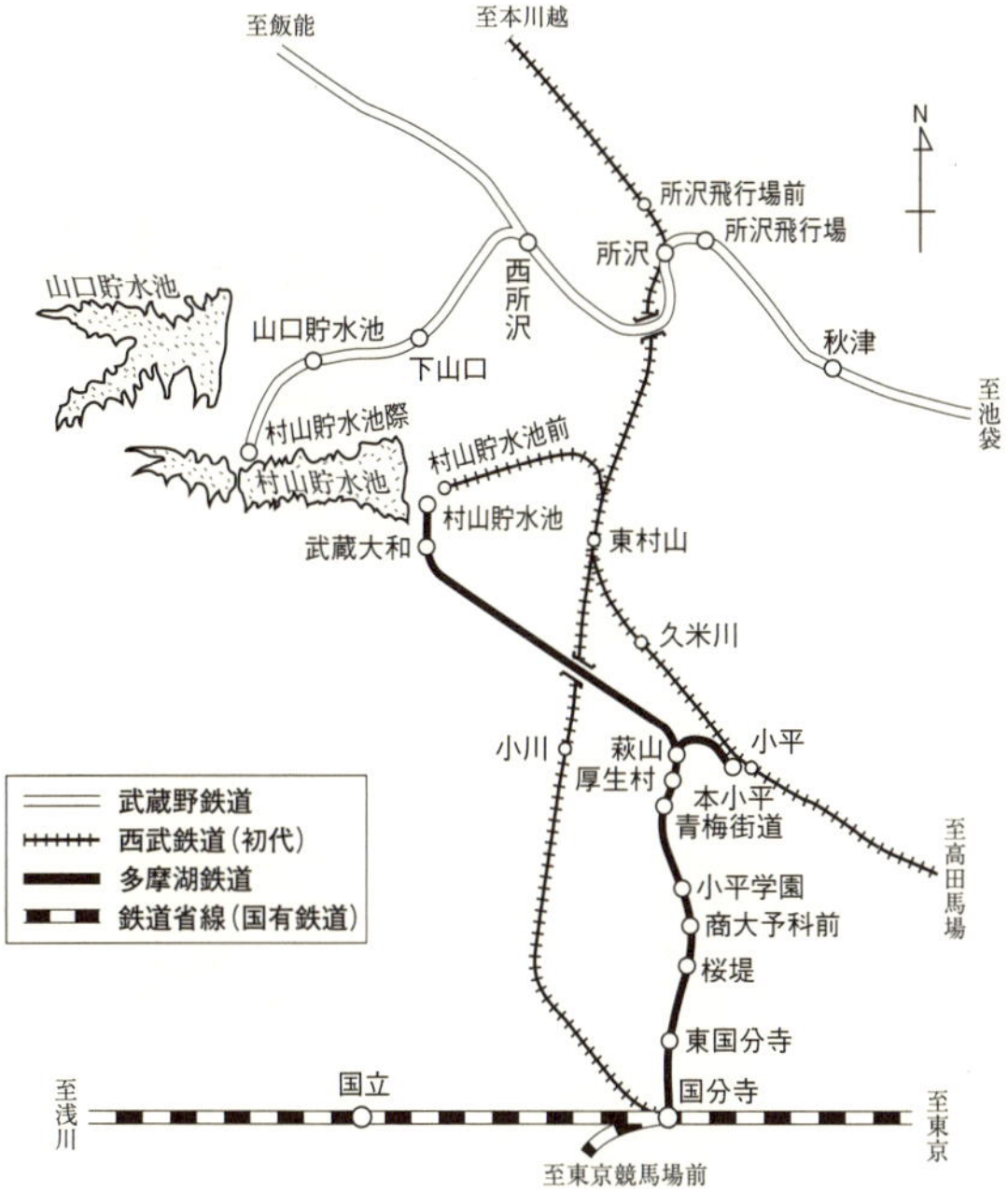

ピンク色が多摩湖鉄道となる。

　なぞる暇がなかった人のために補足すれば、池袋線・狭山線が武蔵野鉄道、新宿線・国分寺線・西武園線が西武鉄道（初代）、多摩湖線が多摩湖鉄道と考えれば、ほぼ間違いはない。かつて会社が違っていたのであれば、国分寺線と多摩湖線の交差部が妙に他人行儀なのもうなずける。

　右の三社中もっとも古参は西武鉄道（初代）で、明治二八（一八九五）年に国分寺〜東村山〜本川越間を全通させた川越鉄道を祖としている。

当初の川越鉄道は、国分寺で接続する甲武鉄道（中央本線の御茶ノ水〜八王子間を敷設した私鉄）の支線的存在だったが、大手電力会社の資本に飲み込まれて西武鉄道（初代）に変じ、昭和二（一九二七）年に都心直通線ともいえる東村山〜高田馬場間を開通させる。

都心直通線建設の動機は、東上鉄道（現・東武鉄道東上本線の前身）、武蔵野鉄道の台頭であった。武蔵野鉄道は、大正四（一九一五）年に池袋〜所沢〜飯能間の路線を開業している。

昭和二年以降、西武鉄道（初代）と武蔵野鉄道が所沢〜都心間で熾烈な旅客獲得戦を演じるようになるのはお察しの通りである。武蔵野が西武に乗車券発売などの業務を委託していた所沢駅では、西武社員が自社に有利な窓口営業をおこない、それが武蔵野社員にばれて喧嘩にもなったという。

昭和三（一九二八）年から五（一九三〇）年にかけては多摩湖鉄道も開通し、村山貯水池への観光客輸送では先輩格の二社を交えた三《み》つ巴《どもえ》の混戦となるわけだが、先ほどマーカーで色分けした各社の勢力地図を見ると、多摩湖鉄道の劣勢はいかんともしがたい。

西武鉄道（初代）、武蔵野鉄道に比べ格段に規模が小さく、都心への直通線を持っていないことが劣勢の主因だが、しかし、歴史とはおもしろいものである。なんと、この弱小多摩湖鉄道こそが、現在の西武鉄道の祖といえる存在にほかならない。

多摩湖鉄道は、戦後の西武コンツェルンの始祖となる堤康次郎が率いた不動産開発会社「箱根土地」（「コクド」の前身）が、地域開発とセットで設立した会社だ。正体は土地屋だから、当然、金はある。堤も強気で知られる人だった。

多摩湖鉄道を包囲する二大私鉄は脅威だが、発想を転換して逆に乗っ取ってしまえば、周辺地域の開発は箱根土地グループが独占できるではないか。

そう着眼した箱根土地は、まず、多額の債務をかかえ破産状態に陥った武蔵野鉄道を標的に据え、同社を援助する根津嘉一郎財閥系の富国グループから経営権を取得するなどいろいろ謀《はかりごと》をめぐらし、昭和一五（一九四〇）年、遂に堤は武蔵野鉄道の社長に就任するのであった。時を同じくして武蔵野鉄道と多摩湖鉄道は合併をはたす。

箱根土地の傀儡《かいらい》会社となった武蔵野鉄道が新たに狙うは、もちろん、西武鉄道（初代）である。

ことの子細は省略するが、西武株の多くをにぎる東武鉄道グループとの駆け引きなど、ここでも謀が駆使され、昭和二〇（一九四五）年九月、武蔵野鉄道が「食糧増産」なるほとん

国分寺線を多摩湖線が跨ぐ交差部

ど実体のない農業会社とともに西武鉄道（初代）を吸収合併し、西武農業鉄道が誕生する（【余談8】）。

新社名に「西武」の文字は残るものの、あくまでも武蔵野鉄道が存続会社となって改名したもので、これが翌年には西武鉄道とさらに名を改め、戦後の発展に向かうのであった。

土地屋が老舗の大私鉄を次々呑み込んでいくところが実に痛快な西武鉄道史だが、ただ、残念なことに同社は大手私鉄中、唯一、社史を発刊していない。つまり、歴史の詳細は、公式にはつまびらかとなっていないわけである。大軌が大近鉄に成長していく過程にひけを取らない血湧き肉躍るドラマが潜んでいそうな西武の歴史だけに、残念すぎる話ではないか（もっとも社史が出ても、一番の醍醐味といえる謀などの泥臭い部分にはオブラートがかぶせられるだろうが）。

まあ、西武最古の路線を西武直系の祖がまたぐ例の国分寺線と多摩湖線の交差部にでもたたずみ、歴史の影の部分に推量をめぐらすのもなかなか風雅なものである。これも鉄道地図の楽しみのひとつだと、私は勝手にそう思っている。

そんなことの何がいったい楽しいのか、と、言われてしまえばそれまでだが……。

【余談8】関西急行鉄道による大阪鉄道（大鉄）の統合、関西急行鉄道と南海鉄道の統合による近畿日本鉄道の誕生など、関西私鉄の戦時統合例についてはー部がご案内済みだが、関東私鉄の戦時統合は、東京急行電鉄（東急）による京浜電気鉄道、小田急電鉄、京王電気軌道の統合と（戦後、東京急行電鉄から京浜急行電鉄、小田急電鉄、京王帝都電鉄〔現・京王電鉄〕が分離独立）、この武蔵野鉄道による西武鉄道（初代）の統合が代表例といえる。ただ、西武農業鉄道の発足が終戦直後にずれ込んだのは、いささか間が抜けていた。これについては、東急コンツェルンの創始者で、東条英機内閣では運輸通信大臣をも務めた五島慶太の横槍が原因とする文献が多い。だとするならば、なぜ五島は、西武農業鉄道の誕生を阻止しなければならなかったのだろうか。堤康次郎の側近、中嶋忠三郎の著書『西武王国—その炎と影』(サンデー社)に参考となる記述があるので、少し長くなるが引用してみる。

「五島の裏切り行為として、堤は三つの事件をあげている。その一つは、昭和一一(一九三六)年の武蔵野鉄道の株が買収されそうになった事件である。(中略)二つ目は、昭和一九(一九四四)年、堤が旧西武鉄道と武蔵野鉄道それに食糧増産株式会社の会社合併を申請したのに対し、鉄道総局長官の堀木鎌三が、許可をしないという問題であった。堀木は、昭和二〇(一九四五)年には鉄道義勇軍総司令を兼務するようになり、この鉄道義勇軍という形で、戦時下の交通統制を始めた。五島はこの堀木と手を結び、運輸省と国鉄は〝東急の士官学校である〟とまで豪語するほど傍若無人に振舞っていた。そして、私鉄を次々と支配下に治めていった。従って、軍や鉄道省が堤の申請を認めるはずはなかった(筆者註 国有鉄道の経営母体でもあった鉄道省は戦時中に運輸通信省、運輸省と体制を変えていく)。むしろ〝西武系を分断せよ〟と圧力を掛けてくる始末であった。堤が、たまたま衆議院議員であったから踏んばれたが、普通だったら、とっくに踏み潰されていたに違いない。(中略)もちろん裏で五島が糸を引いていた。これも、実は、後日わかったことだが、五島慶太と種田虎雄（近畿日本社長）と堀木鎌三の三人が、日本の私鉄を一本化し、五島が関東の私鉄全部を傘下に治め、関西の私鉄は種田が併合し、堀木が軍を後ろ盾として、その上に君臨しようという目論見であったという」。

種田虎雄は、昭和二（一九二七）年に鉄道省運輸局長を退官して大阪電気軌道（大軌）の専務に就任した人物である。後に社長となり、関西急行鉄道～近畿日本鉄道の勢力拡大に尽力する。ちなみに五島慶太も、元をただせば鉄道省の前身である鉄道院の役人であった。

稠密な路線網に隠された水子の涙

「筑豊線群」に秘められた非合理

ことほどさようにややこしい線路の話ばかりが続いてしまったからには、殿《しんがり》にはぜひ、〝ややこしい線路〟の本家本元ともいえる、往年の筑豊地方の鉄道地図にも出てもらわなければならない。

「筑豊線群」などとも呼ばれた、国鉄史上おそらく一、二を争う難解で稠密、複雑多岐、千

●図11　昭和42年当時の北九州・筑豊地方の国鉄路線図

万無量な路線網が時刻表の索引地図上で最盛期を迎えるのは、昭和四〇年代の初頭であった。

当時の時刻表を繙《ひもと》けば、平成の御代《みよ》の首都東京の地下鉄路線図にも匹敵するほどの込み入った鉄道地図が、筑豊地方には描かれている。

まさにバニーガールの網タイツを虫眼鏡で見るような眺めだ。

なんでもこの地域では、乗り換え駅での列車相互の接続処理がパズルを解くように難しく、ダイヤ作成には門司鉄道管理局きってのベテラン〝スジ屋〟が神業《かみわざ》をふるったのだという。

筑豊という福岡県の一地域にすぎないところに、なぜ、かくもきめ細やかな国鉄ネットワークが必要だったのだろうか。まさかここが、有力政治家の巣窟だったというわけでもあるまい。

この筑豊線群のうち、もっとも新しい線は、漆生《うるしお》線（下鴨生《しもかもお》～下山田）の南半分、漆生～下山田（実質上の終点は嘉穂《かほ》信号場）間と、上山田線（飯塚～豊前川崎）の東部、上山田～豊前川崎間で、ともに昭和四一（一九六六）年三月に開通している。

さて驚くのは、既存区間の開業年との差である。漆生線が漆生に達したのは大正二（一九一三）年、上山田線の飯塚～上山田間にいたっては、明治二八（一八九五）年から同三四（一九〇一）年にかけてという古《いにしえ》の開業だ。両線とも、木造の旧家に鉄筋で建て増しでもしたかのような格好である。

アンバランスな点はまだある。両線の列車ダイヤだ。

時刻表昭和四二（一九六七）年一〇月号を見れば、漆生線の漆生以北には旅客列車が一三往復も設定されているのに、以南はたったの四往復。上山田線も似たようなもので、飯塚～

上山田間が一六往復なのに対し、上山田～豊前川崎間は六往復と実に淋しい（下山田〔嘉穂信号場〕～上山田間には上記の漆生線列車が四往復加わる）。

昭和五〇年代に入るとさらに淋しくなって、漆生～下山田（嘉穂信号場）間三往復、上山田～豊前川崎間四往復にまで本数を減らす。お世辞にも需要が醸成された地域とは言い難い。なにが楽しくて、かかる寥々《りょうりょう》たる新線を日本鉄道建設公団は完成させてしまったのだろうか。

遠賀川水運を淘汰して生まれた運炭鉄道

筑豊といえば、まず思い起こされるのが「石炭」である。

明治の初めより筑豊は、「富国強兵」の名のもと高度成長へ一路邁進《まいしん》する近代日本国家のエネルギーを支える一大炭鉱地帯として機能した。我が国の近代化、経済発展を支えたのは、筑豊といっても過言ではないだろう。

その筑豊には、荒っぽいが心一途な男気質《かたぎ》があったという。「川筋気質」と呼ばれるものだ。筑豊の水を一筋に集め玄界灘（玄海）へとそそぐ遠賀《おんが》川の川筋に発し、やがて周辺へと広まった炭鉱地帯独特の気風だが、この川筋気質を生み出した遠賀川こそ、筑豊の石炭産業の象徴ともいえる存在だった。一説によれば享保年間以来ともいわれる筑豊の石炭採掘、その最大の輸送路として重責を担ってきたのが遠賀川なのである。

川を上り下りする「川ひらた」と呼ばれた石炭舟の数は、明治中期の最盛期には一万艘《そう》近くを数えたという。

が、盛者必衰《じようしやひつすい》は世の常なのか、石炭舟の黄金時代も長くは続かなかった。

明治二四（一八九一）年、筑豊炭田の石炭集積地直方《のおがた》と、玄界灘に通じる石炭積出港の若松とを結ぶ鉄道が開通する。地元石炭資本により設立された筑豊興業鉄道で、お察しのとおり、これが筑豊本線の起源となる。

遠賀川水運の息の根を止めた運炭鉄道のその後の躍進は目覚ましいものがあった。

明治二六（一八九三）年には早くも本線を筑豊炭田の南限に近い飯塚まで延伸、あわせて周辺に点在する各炭鉱への支線も整備されていく。

明治二七（一八九四）年、社名を筑豊鉄道と改め、明治三〇（一八九七）年には九州鉄道と合併。以降、九州鉄道の手により飯塚の先、上山田や長尾（現・桂川《けいせん》）へ線路を延ばす。

そして明治四〇（一九〇七）年七月、「鉄道国有法」を根拠に九州鉄道は国有化されるのであった。

●図12　明治39年9月当時の北九州・筑豊地方の九州鉄道路線図

筑豊の各運炭路線は晴れて国有鉄道の一員となるわけだが、国有化の直前、明治三九（一九〇六）年九月当時の筑豊地方の九州鉄道路線図を見ると、この段階で既に、かなり複雑な路線網が形作られていることに驚かされる。

もちろん、当時の日本では他に類を見ない存在であった。東京や大阪周辺の鉄道路線図よりもはるかに稠密だったのである。

筑豊に最初の鉄道が開通

してからわずか一五年という短期間に出来上がった路線網とはとうてい思えない代物だが、現に短期間に出来上がったのであって、それだけ当時の石炭産業の勢いは凄まじかったということの証左のひとつが、往年の鉄道地図と位置付けられるのではないだろうか。

ただ、当時の筑豊の路線網は、稠密には違いないけれども、まだ網タイツ状にはなっておらず、枝もたわわに実らせたリンゴの樹でも逆さにしたかのような感じの図である。

その枝が一カ所に集まり幹となるところに直方駅があり、ここに各炭鉱から送り出された石炭貨車が集まって仕分けされ、長編成の貨物列車を組成して若松港や北九州工業地帯へと向かうのが、運炭のおおよその段取りであった。

すなわち、かつて殷賑《いんしん》を極めた遠賀川水運がそっくりそのまま鉄道に化けたような格好の一本道輸送だったのである。

豊州鉄道を祖とする伊田～行橋間の抜け道路線もあるが、石炭積出港へ通ずるものではないので、運炭にはあまり役立たなかったと思う。

大正、昭和になってもなお、炭田各地への支線整備は進められ、大東亜戦争中には小倉鉄道（東小倉～石田～上香春《かわら》〔後の香春〕～添田）、産業セメント鉄道（起行～赤坂〔後の下鴨生〕、赤坂～赤坂炭坑、宮床～金田）といった後発私鉄も国有化をはたし、筑豊線群は充実のうえにだんだん網タイツ化もしていくのだが、直方から若松港あるいは八幡製鉄所への一本道輸送については、戦後を迎えても大きな変化は生じなかった。

このため筑豊本線は、折尾《おりお》〜中間《なかま》間が複々線、中間〜筑前植木間が三複線という豪勢な設備を誇り、石炭貨車を集積する直方駅の操車場も全長が三キロを超えるという化け物ぶりを見せつけた。貨車の入れ換えに幾台もの蒸気機関車が構内を右往左往し、そのはき出される煤煙から、直方のスズメはカラスのように色が真っ黒だったという。

時代から見捨てられた夭折の鉄道

かかる一本道輸送を改めようと油須原《ゆすばる》線が着工されたのは昭和三二（一九五七）年であった。

漆生〜嘉穂信号場〜上山田〜豊前川崎〜大任《おおとう》〜油須原という筑豊炭田の南端をなぞるように進む新線で（嘉穂信号場〜上山田間は既存の上山田線を流用）、石炭の一部を同ルート経由で周防灘《すおうなだ》に面した戦後生まれの積出港、苅田《かんだ》港へと送る構想であった。

しかし、である。昭和三〇年代以降、筑豊の石炭産業は、「石炭から石油へ」という国が推し進めたエネルギー革命により衰退を余儀なくされた。炭鉱は閉山が相次ぎ、それに伴い

●図13　現在の北九州・筑豊地方のJR路線図
（国鉄線を転換した第3セクター鉄道を含む）

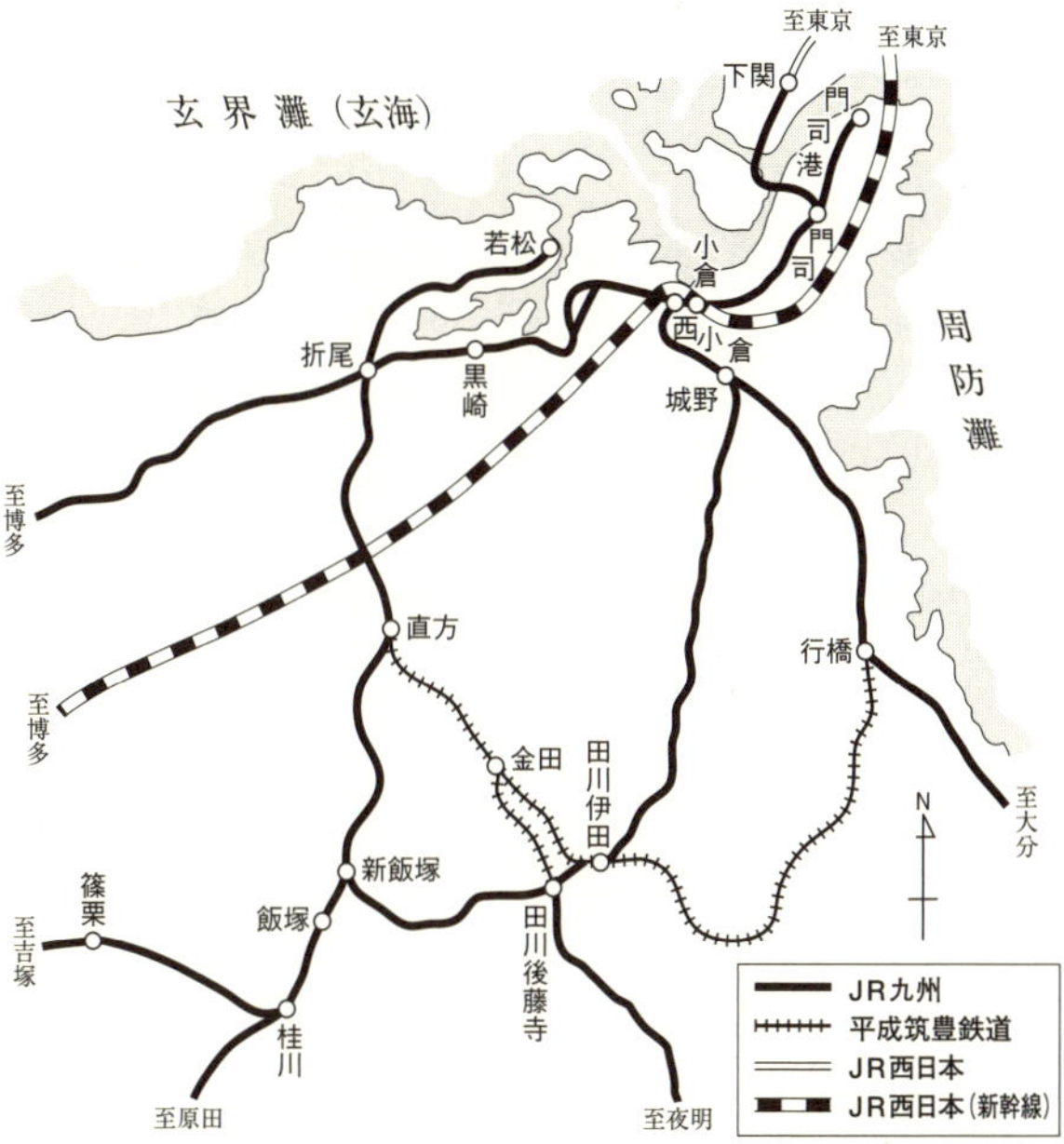

人口も減少、地域経済は壊滅的打撃を被ったのである。
　ひところは、日本一の失業率、日本一の生活保護受給率で筑豊の町々がマスコミを賑わした。
　かように地域がずっこけているときに、「油須原線」の一部として建設が進められていた漆生〜嘉穂信号場間、上山田〜豊前川崎間の新線が開業したわけで、予定していた石炭貨物列車の運転など当然ないわけだから、それは〝寥々たる新線〟となるのも致し方ない。

生まれてくるのが遅すぎたのである。

運炭という役目を終えた筑豊線群に対し、件の「国鉄再建法」は当然のごとく冷たかった。現在の筑豊地方の鉄道地図を見ると、実にスカスカで、なんとも秋風索漠《しゅうふうさくばく》とした気分にさせられる。

漆生線も上山田線も、もうそこに姿は無い。

漆生線の新線区間はわずか二〇年、上山田線の新線区間も二二年という実にはかない命であった。邪推かもしれないが、新線区間がもし開通していなければ、既存区間は輸送密度においてなんとか持ちこたえ、生き残れたかもしれなかった。

昭和五五（一九八〇）年に工事が打ち切られた油須原線の残り区間、豊前川崎～大任～油須原間については、もう言葉もない。工事の進捗率、用地取得九三パーセント、路盤六三パーセント、軌道敷設四三パーセント。もったいないというか、なにやら夜な夜な出てきそうだ。水子の霊は恐ろしいという。

近頃は国からＩＴ特区に指定され、情報産業都市として発展を目指す飯塚市の南に、妙に目立つ三つの大きなボタ山がある。

筑豊本線（最近は「福北ゆたか線」とも呼ぶらしいが）の飯塚駅からも間近に見えるボタ山だが、昭和五〇年代ぐらいまでは黒々していたものが、今ではすっかり草木が生い茂って青緑色で、とても石炭カスで出来ている山とは思えない。

飯塚駅南方の緑化したボタ山

過ぎし日の筑豊の象徴も、平凡な山に化けてしまったものだ。

飯塚駅からこのボタ山の南側へ回り込むような感じで、かつて上山田線が走っていた。その跡地を転用して拡幅された道路をしばらく歩いていくと、「平恒第二」というう、いかにも鉱山ぽい名のバス停の先で、赤レンガをうずたかく積み上げた大小二つの櫓《やぐら》のような構造物が眼にとまる。

中世ヨーロッパの城郭の遺跡を想起させる物体で、大きい方の櫓の足元に備えられた案内板には「市指定有形文化財　巻き上げ機台座（三菱炭礦第二坑本卸）　飯塚市平恒」とあり、説明を読めば、石炭を斜坑から運び出

飯塚市指定有形文化財である巻き上げ機台座

し貨車に積み込むためのケーブル巻き上げ機を据え付けた土台とのこと。

台座の遺構は、現在も筑豊の各地に残っており、戦前につくられたものはレンガ製、戦後のものはコンクリート製が多いらしい。平恒の有形文化財台座は、筑豊でも最大級という。

雲集霧散の歴史を背負った鉄道地図とともに、筑豊石炭産業昔日の殷賑を今日に伝える巻き上げ機台座を仰ぎ見ていると、五分刈り頭で血の気も多い川筋者らの歌が、秋風にのってどこからともなく聞こえてくるようであった。

第二幕　全国津々浦々、「境目」の謎

線名のはなし

多士済々なＪＲの線名

時刻表の索引地図には、ＪＲのさまざまな線名が示されている。千差万別、多士済々な各線の名の元を大別すると、だいたい次のようになる。

①沿線の街道名を与えたもの
—東海道本線
②起点側あるいは終点側の都市名・地名を与えたもの
—函館本線、福知山線、奈良線、高崎線、鹿児島本線、長崎本線、根室本線など
③沿線の代表的な都市名を与えたもの
—飯田線、高山本線、呉線、山口線、成田線、千歳線、室蘭本線、留萌《るもい》本線など
④沿線の旧国名（古代の国名を含む）を与えたもの
—相模《さがみ》線、吉備線、越後線、日高本線

⑤沿線の地方名、地域名を与えたもの
—北陸本線、山陽本線、山陰本線、東北本線、津軽線、日南線、宗谷本線など
⑥起点側と終点側の旧国名からそれぞれ一字を取って合成したもの
—伯備線、紀勢本線、上越線、羽越《うえつ》本線、総武本線、予讃線、肥薩線、石北本線など
⑦起点側と終点側の都市名からそれぞれ一字を取って合成したもの
—八高線、姫新《きしん》線、水郡《すいぐん》線、京葉線、高徳線、久大《きゅうだい》本線、吉都《きっと》線、釧網《せんもう》本線など
⑧買収私鉄の社名が影響したと思われるもの
—南武線、横浜線、関西本線、阪和線、参宮線など
⑨その他
—大阪環状線、関西空港線、宮崎空港線、ＪＲ東西線、海峡線など

①については、東海道本線の熱田〜草津間は旧東海道から外れており、そのうちの岐阜〜草津間は旧中山道に沿っている。本家の東海道は江戸と京都の間だが、東海道本線は東京〜神戸間であり区間も異なる、などなど、いろいろイチャモンもつけられようが、まあ、街道名が元とみて、まず間違いはないだろう。ただ、古代の大宝律令以来、中世までの「東海

道」は、行政域と官道の両方を指す名称であった。したがって、⑤に入る可能性もなきにしもあらずといえる。

⑥には変形版として、磐越《ばんえつ》東線、磐越西線、陸羽《りくう》東線、陸羽西線、越美北《えつみほく》線の一派がある。それぞれ対となる二つの線区（路線）を合わせないと名が体をなさないのだが、越美北線に関しては、相手となる越美南線がもはやJRには存在しないところが辛い。

越前（福井県）と美濃（岐阜県）を結ぶ「越美線」となるはずだった越美北線と越美南線は、結局、つながることもなく後者が「国鉄再建法」で転換対象となり、第三セクターの長良川鉄道に化けてしまった。許嫁《いいなずけ》が婚姻を果たさず、おまけに片割れが出家したような感じであり、ただ、出家先の長良川鉄道は線名を「越美南線」のままとしている。結ばれなかった越美北線への、せめてもの慰みであろう。もっとも越美北線は、「九頭竜《くずりゅう》線」という愛称線名を定着させようと躍起になっているが…。

⑦の落ちこぼれといえそうなのが、札沼《さつしょう》線と名松《めいしょう》線である。

札沼線は札幌の「札」と石狩沼田の「沼」を合わせたもので、昔は名の通り札幌市内の桑《そう》園《えん》と石狩沼田を結んでいたが、末端区間の廃止によって新十津川が終点となり、今は石狩沼田へは通じていない。新十津川は奈良県十津川村からの集団移住により拓かれた町である。

それはともかく、「札沼線」という線名は名に偽りがあり、そのせいなのか旅客案内上は愛称線名の「学園都市線」を多用している。

「学園都市線」の愛称を多用する札沼線

名松線はもっと名に偽りがあり、松阪の「松」と名張の「名」を合わせた線名にもかかわらず、名張にはとうとう達することなく、途中の伊勢奥津《おきつ》で終わってしまった。伊勢奥津と名張の間は山また山の難所で、着工に躊躇するうちに後発の参宮急行電鉄（現在の近鉄大阪線・山田線）がさっさと名松間を結んでしまい、全通させる意味を失ったのだが、線名にだけは怨み節のように「名」の文字を残している。

⑧の「買収私鉄の社名が影響したと思われるもの」は、〝思われるもの〟とある通り、なかなか判断が難しい。

横浜鉄道を祖とする横浜線は②に入りそうな気もするけれど、区間は東神奈川〜八王子間で横浜駅には達していないため、買収私鉄の社名が元になっていると考えられる。ただ、東神奈川は横浜市内の駅ではあるが。

関西鉄道が変じた関西本線は⑤、阪和電気鉄道が先祖の阪和線は⑦に入るとの見方もできる。これについては、関西本線は中京地方と関西地方を結んでいるため⑤には入りづらく、阪和線は天王寺〜和歌山間だから、⑦とするならば「天和線」でなければおかしいと愚考した。天王寺は大阪市内の駅という東神奈川同様の問題は残るけれども。

逆に、④に名を連ねる相模線は相模鉄道が祖だから⑧に入ってもおかしくはない。宇部線、小野田線、青梅線、越後線なども元は同名の私鉄だから、振り分けには迷う線である。迷ってもなかなか結論は出そうにないので、箸休めに余談を一席。

これまで私鉄路線の国有化の話が幾たびか出てきたが、その歴史を整理すると、だいたい次の三期に分けられる。

（一）明治後期の幹線系主要私鉄の買収

明治三九（一九〇六）年三月三一日公布の「鉄道国有法」により、同年一〇月一日から翌四〇（一九〇七）年一〇月一日にかけて、幹線系私鉄一七社を国有化。

北海道炭礦鉄道、北海道鉄道、日本鉄道、岩越鉄道、北越鉄道、総武鉄道、房総鉄道、甲武鉄道、七尾《ななお》鉄道、関西鉄道、参宮鉄道、京都鉄道、西成《にしなり》鉄道、阪鶴鉄道、山陽鉄道、徳島鉄道、九州鉄道

（二）幹線系私鉄国有化後、昭和戦前期までの地方私鉄の買収

地方の鉄道網整備の方針により、明治四三（一九一〇）年から昭和一六（一九四一）年にかけて小刻みながら私鉄の国有化が続く。対象は四〇社を超える。地方の弱小鉄道が多いのが特徴であった。

横浜鉄道、足尾鉄道、美祢軽便鉄道、成田鉄道、長州鉄道、日高拓殖鉄道、苫小牧軽便鉄道、越後鉄道、芸備鉄道、宇和島鉄道、両備鉄道、新宮鉄道、佐久鉄道、

飯田線の先祖は四つの私鉄

岩手軽便鉄道、広浜《こうひん》鉄道、信濃鉄道、
富士身延鉄道など

（三）第二次世界大戦中に強行された国策上
重要な私鉄の戦時買収

昭和一八（一九四三）年から翌一九年にかけ、軍事上重要とみられた、計二二社の路線を国が半ば強制的に買収する。幹線と幹線を結ぶ連絡線や、炭鉱・工業地帯を走る路線が買収の対象となった。

小野田鉄道、宇部鉄道、小倉鉄道、富山地方鉄道（富岩《ふがん》線のみが対象）、播丹《ばんたん》鉄道、鶴見臨港鉄道、産業セメント鉄道、豊川鉄道、鳳来寺鉄道、三信鉄道、伊那電気鉄道、北海道鉄道（二代目）、南武鉄道、青梅電気鉄道、南海鉄道（旧・阪和電気鉄道である山手線のみが対象）、宮城電気鉄道、西日本鉄道（糟屋線、宇美線のみが対象）、飯山鉄道、相模鉄道（相模線のみが対象）、中国鉄道、胆振《いぶり》縦貫鉄道、奥多摩電気鉄道（未開業）

戦時買収路線には今の都市近郊私鉄のイメージに近い電気鉄道（電鉄）も多く含まれていた。「JTB時刻表」や「JR時刻表」の索引地図には、その駅数の多さから毛虫が這っているかのようにも見える飯田線が本州のど真ん中に描かれており、同線は豊川鉄道、鳳来寺鉄道、三信鉄道、伊那電気鉄道の四つの電気鉄道を昭和一八（一九四三）年八月一日に国有化したものである。妙に駅の数が多いのも、この出自を知れば得心するという次第。

「本線」とただの「線」が意味するところとは

ところで、JRの線名には「本線」とただの「線」が存在するが、これにはいかような意味があるのだろうか。

そもそも線名というもの、明治の中期ぐらいまでは漠然としたものしかなかったという。

国有鉄道（明治四〇年前後までは官設鉄道、略して「官鉄」と呼ぶのが一般的だったようである）の線名は、創業当初、明確なものがなく、「東京・横浜間鉄道」「大阪・神戸間鉄道」などの区間を用いた名か、「東海道鉄道」のような街道名を拝借した名で呼ばれていたらしい。まあ、路線（線区）の数も微々たるものだから、これでも不都合はなかったのだろう。

しかし、路線網が延びていくと、そんないいかげんな体制では、いろいろ問題も生じてくる。そこで、明治二八（一八九五）年、逓信省鉄道局は官設鉄道の「営業線路区間」（官設鉄道線路名称）を定める。

ここではじめて「東海道線」「北陸線」など今に通じる線名が営業線に与えられたわけだが、本線格の線区とその支線群を総ぐるみで「〇〇線」とするような命名方法だったため、大ざっぱと言われれば返す言葉がない。公示もなされなかったので、あくまで内部的なものと考えたほうがよさそうだ。

時代は下って明治の後期、「鉄道国有法」により四五〇〇キロもの私鉄路線が国有鉄道に編入されてくると、また線名の曖昧さが問題となってきた。

幹線系私鉄の国有化後、旧・日本鉄道の路線は「元日本線」、旧・九州鉄道の路線は「九州線」などと呼ばれていたけれども、これではあまりにも大ざっぱすぎはしまいか。日本鉄道ひとつを例にあげても、その路線は北関東から東北一円に広がっていた。上野から高崎へ行くのも、宇都宮、仙台、青森へ行くのも、水戸、平（現・いわき）へ行くのも、みな元日本線だ。より細分化した線名、地域をある程度把握できる線名の登場が待たれるところとなった。

かかる背景から鉄道院は、明治四二（一九〇九）年一〇月一二日に「国有鉄道線路名称」を制定、各路線の名を明確にするとともに、広く一般にも公示するのであった（内閣直属の鉄道院は当時の国有鉄道の運営母体）。これにより、以降、戦後の「日本国有鉄道線路名称」にいたるまで、線名の変遷は告示・公示を原則とする体制が築かれた（鉄道公報で公示。官報に転載）。

「国有鉄道線路名称」では、ただ単に線名を定めただけではなく、組分けも同時におこなっている。

地域あるいは買収私鉄の系譜を基に、「東海道線」「北陸線」「中央東線」「中央西線」「阪鶴線」「山陽線」「山陰線」「関西線」「東北線」「奥羽線」「信越線」「総武線」「讃岐線」「徳島線」「人吉線」「長崎線」「豊州線」「筑豊線」「鹿児島線」「函館線」「室蘭線」「釧路線」「天塩《てしお》線」という二三の組（「部」と表現するのが一般的）を設け、その構成員（線）を明確に定めたのである。

例えば「東海道線」組では、東海道本線という親分の下に横須賀線、武豊《たけとよ》線、大津線、京都線、西成線といった子分が配され、同様に「東北線」組でも、親分である東北本線の下に、山手線、常磐線、隅田川線、高崎線、両毛線、水戸線、日光線、岩越線、塩竈《しおがま》線、八戸線がおかれた（線名、配置は明治四二年当時のもの）。

この線名に対する一定のルール確立により、以降の路線網拡充にも容易に対応できるようになった。まさに、線名管理の決定版といえる方式である。

事実、「国有鉄道線路名称」により定められた組（本線と支線の関係）および線名は、以降、名称変更、新設、統廃合などはあるものの、基本的には明治四二（一九〇九）年制定の方式のまま国鉄最後の日まで使われ続けるのである（昭和二四［一九四九］年の公共企業体「日本国有鉄道」発足後はタイトルを「日本国有鉄道線路名称」とする）。

「国有鉄道線路名称」の長い歴史のなかには幻の組も存在する。「樺太線」組である。

昭和一八（一九四三）年四月一日に樺太庁所管鉄道が鉄道省（当時の国有鉄道の運営体）に移管されたことから新設された組で、樺太東線、豊真《ほうしん》線、川上線、樺太西線がその構成員だった。しかし、ソ連軍の樺太侵攻に伴い昭和二〇（一九四五）年八月に事実上消滅する。書類上の廃止は昭和二一（一九四六）年二月一日であった（樺太とは、現在のロシア領サハリンの南部）。

「樺太線」のように本線を名乗る線が無い組は、他に、磐越東線、磐越西線とその支線からなる「磐越線」組、陸羽東線、陸羽西線からなる「陸羽線」組があり、こちらはご承知の通り今も健在である。

薄れつつある「本線」の意味

さて、ＪＲ化後の線名だが、基本的には「日本国有鉄道線路名称」を会社ごとに分割したものがそのまま使われているという（社報などで公告が続けられている。以下これを「線路名称」とする）。ただ、組（部）の概念は希薄となりつつあるようだ。それはそうだろう、「国鉄再建法」によるローカル線の大リストラから、「高山線」「久大線」「豊肥《ほうひ》線」「室蘭線」「日高線」「留萌線」（国鉄時代は「留萠線」）「宗谷線」「石北線」「釧網線」など、子分のいない親分だけの組が幾つも出来てしまったのだから。

ＪＲ各社の線名には、「日本国有鉄道線路名称」（国鉄部内の定め）譲りの「線路名称」とは別に、「国鉄再建法」および「国鉄改革関連法」絡みの政令をベースとした「『事業基本計画』の『営業線名』」（以下「基本計画」）なるものも存在する（法律に基づき内閣が決めるのが政令。「国鉄再建法」のとき、赤字ローカル線を法律により廃止・転換するために国鉄の線名を法律で定める必要が出、政令によりそれがおこなわれた。「基本計画」は、この政令で定めた線名がベースになっている）。要するにＪＲの線名には、社内的次元の「線路名称」と、法的次元の「基本計画」の二通りがあるわけだ。

ややこしいというかおもしろいというのか、この「線路名称」と「基本計画」では線名の扱いに微妙な違いが見られる。

もっとも目立つのが、後者では「〇〇本線」がすべて「〇〇線」で統一されているということだろう。国土交通省鉄道局監修の「鉄道要覧」に出てくるＪＲの線名は「基本計画」の方なので、これによりＪＲ各社には「本線」は存在しないという穿《うが》ちすぎな見方もできるわけである（時刻表の線名表記は「線路名称」を基にしているため、ＪＲ四国以外で「本線」が数多く出てくる。ＪＲ四国に「本線」が無いのは、「線路名称」上でも昭和六三（一九八八）年六月一日付で「〇〇本線」をすべて「〇〇線」に統一したからである）。

新幹線についても「線路名称」と「基本計画」では扱いが異なる。

「線路名称」では、新幹線は並行する在来線の一部と見なされ独立した線名が与えられてこなかった（例えば東海道新幹線は東海道本線の一部という扱いである）。ご存じの通り、最近は新幹線が開業すると並行在来線がＪＲから経営分離されてしまうため、「北陸新幹線」「九州新幹線」などの名が「線路名称」にも現れだしているけれども、国鉄時代からある新幹線は、基本的には線区として一人前扱いされていない。

ところが「基本計画」では、新幹線は独立した線区として扱われている。「鉄道要覧」を見ると、「東海道新幹線」「山陽新幹線」「上越新幹線」などの名が堂々と出てくるのは、このためである。

国鉄分割の際に、東京〜熱海間、米原〜新大阪間、新下関（下関）〜博多間などのような並行在来線と新幹線とで運営会社が異なる区間が生まれたことが、「基本計画」で新幹線を独立させた要因と考えられるが、それにしてもＪＲの線名というのは、なかなかにしてややこしい存在である。

鉄道路線の区間のはなし

一筋縄ではいかない鉄道路線の区間

線名の次は、区間の話である。

当然ながら鉄道路線には起点と終点があり、昔は○○線はどこからどこまでかなどという問いがよくクイズにも出されていたが、しかし、その答えを一口で言うのは難しい。

例えば、山陽本線はどこからどこまでかの問いが出たとしたら、なんと解答すればよいのだろうか。一般的には「神戸から門司《もじ》まで」と答えれば正解である。けれども、出題者が少しへそ曲がりだったり、重箱の隅をつつくのが好きだったりしたら、それでは許してもらえない。

山陽本線には、独自の線名が与えられていない兵庫〜和田岬間の支線が存在する（地元では「和田岬線」と通称されている）。まず、これは答えに入れなければならないだろう。では、「神戸から門司まで、および兵庫から和田岬まで」と解答したら正解にしてもらえるだろうか。

ここからが実はややこしい。「線路名称」に倣い山陽新幹線の新神戸〜小倉間も山陽本線に入るとする出題者がいるかと思えば、「基本計画」（「鉄道要覧」）に従い山陽新幹線は山陽本線にあらずとする出題者もいるだろう。ＪＲ西日本の山陽本線とＪＲ九州の山陽本線に分けて答えなければ正解にはしないという、意地悪な出題者もまれにいそうだ。

要するに、ＪＲの路線の区間とは、線名以上に複雑かつ奇々怪々なものなので、区間当てクイズなどには参加しないのが無難といえるのである。

では、その〝複雑かつ奇々怪々〟さを実感するため、例にあげた山陽本線の区間が「日本国有鉄道線路名称」ではどのように表示されていたのか、昭和五四（一九七九）年一一月一日当時のものを書き出してみると、〝神戸（新神戸）・門司間、新下関・小倉間、兵庫・和田岬間、兵庫・神戸市場間及び貨物支線〟といった具合。やはり、一目見たぐらいでは、どこからどこまでなのかがよくわからない。

「日本国有鉄道線路名称」は貨物支線の区間を明確にしないのが特徴であった。しかし、右の区間表示を見ると、兵庫～神戸市場間は貨物支線のようである。なぜ、これだけは区間が明示されているのだろうか。

クイズではないが答えは、同区間には旅客営業の一部とされた荷物（小荷物・手荷物）の取り扱いがあり、旅客営業区間と見なされたため（旧国鉄には、現代の宅配便業務などに相当する荷物営業があり、これが当初、旅客列車に連結された荷物車で運送を行っていた関係から、貨物部門ではなく旅客部門の業務の一つと位置付けられていた）。こういったことも路線の区間を奇々怪々にさせる要因といえる。

東海道本線などはさらに奇々怪々で、〝東京・神戸（新神戸）間、品川・新川崎・鶴見間、品川・汐留・芝浦間、汐留・浜川崎・鶴見間、鶴見・横浜羽沢・戸塚間、鶴見・横浜港間、大垣・美濃赤坂間、梅小路・丹波口間、梅小路・京都市場間、吹田・梅田・福島間、吹田・尼崎間、六甲道・湊川間、灘・神戸港間及び貨物支線〃（昭和五五年一〇月一日当時）というすさまじさだ。クイズに出題されたら、まあお手上げだろう。

国鉄・JR路線の区間の奇々怪々な点はまだある。「国鉄再建法」の際には、国鉄の線名と区間が「日本国有鉄道線路名称」とは別に政令で定められたが、この政令での区間表示がまた従来のものとは若干異なっていたのである。

例をあげれば、山陽本線は、政令「国鉄再建法施行令」の「別表第一」に「山陽線」として〃神戸から上郡《かみごおり》及び柳井を経由して門司まで及び新神戸から新岩国を経由して小倉まで並びに兵庫から分岐してそれぞれ兵庫港及び和田岬まで並びに新川から分岐して神戸市場まで〃と記されている。

「日本国有鉄道線路名称」よりも日本語が丁寧でわかりやすくなった点がまず目につくが、兵庫〜兵庫港間の路線が出現したことと、神戸市場へ向かう路線が〃兵庫・神戸市場間〃ではなく（兵庫と兵庫港の間の）〃新川から分岐して神戸市場まで〃とされたことを見逃してはならない。そう、「別表第一」の区間表示の特徴は、貨物支線の区間明確化と、二つ以上の路線（線区）が物理的に同じ線路を共用する二重戸籍区間の解消にあった。

●図14　昭和56年当時の大阪環状線 路線概略図

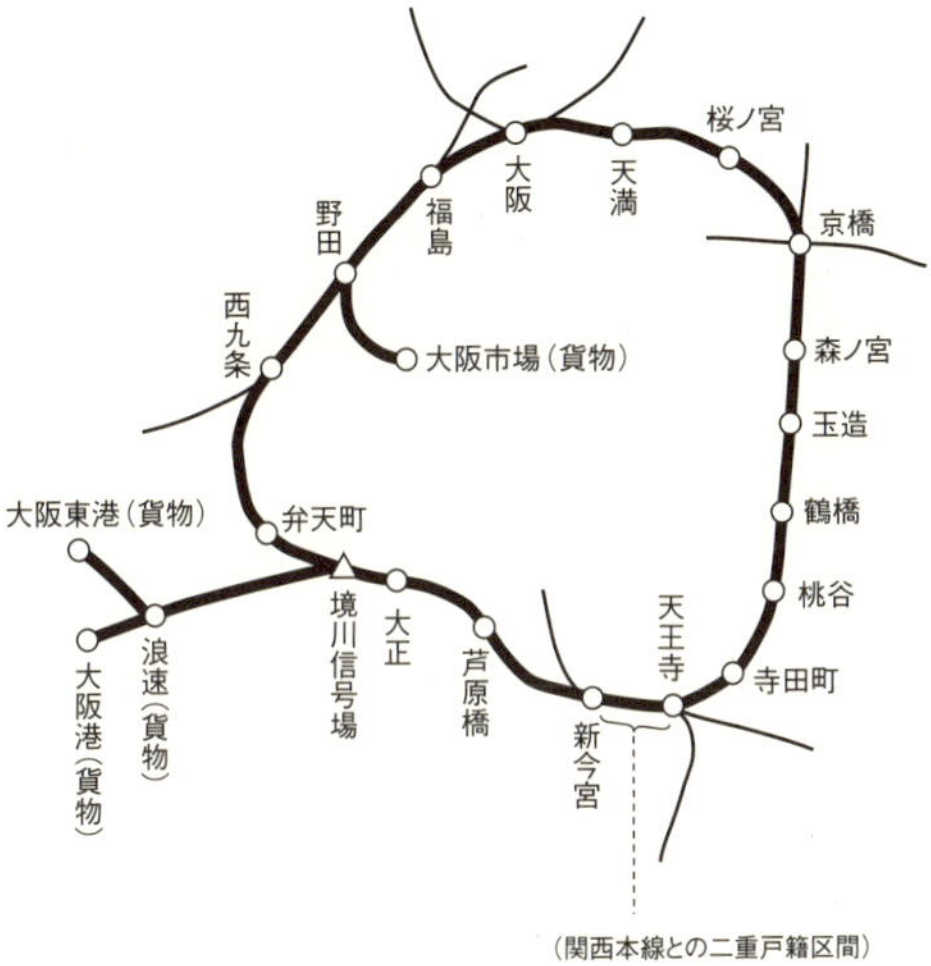

貨物支線明確化の端的な例は幌内《ほろない》線（昭和六二年廃止）で、「日本国有鉄道線路名称」では〃岩見沢・幾春別《いくしゅんべつ》間及び貨物支線〃だが、「別表第一」では〃岩見沢から幾春別まで及び三笠から分岐して幌内まで〃となっていた。

二重戸籍解消の例を示すならば大阪環状線がいいだろう。〃大阪・大正・大阪間、野田・大阪市場間及び貨物支線〃を〃天王寺から新今宮まで並びに野田から分岐して大阪市場まで、大正から分岐して大阪港まで及び浪速《なにわ》から分岐して大阪東港まで〃としている。新今宮〜天王寺間の関西本線との二重戸籍を解消するため、起点を大阪から天王寺に変更している点がにくいが、天王寺から大阪を経由して新今宮まで、と書いたほうが親切だったかもしれない。

　ＪＲ化後の路線の区間表示も、線名と同じように、「線路名称」と「基本計画」の二通りが存在する。

「線路名称」の区間表示は、「日本国有鉄道線路名称」の区間表示を基に、貨物支線の区間を明確化して、会社ごとに分割したものと考えればわかりやすい。毎度の山陽本線を例にすれば、ＪＲ西日本「山陽本線」は〝神戸・下関間、新神戸・新岩国・小倉間及び兵庫・和田岬間〟で、ＪＲ九州「山陽本線」は〝下関・門司間〟となる。貨物支線の区間の記載がまったく無いのは、国鉄時代にすべてが廃止されたためである。

　一方、「基本計画」の区間表示は、「別表第一」の区間表示を分割し、新幹線を独立させ、記述方法を簡略化したものだ。ＪＲ西日本「山陽線」は〝神戸～上郡～柳井～下関　兵庫～和田岬〟、ＪＲ九州「山陽線」は〝下関～門司〟で、別線として独立したＪＲ西日本「山陽新幹線」は〝新大阪～博多〟と書かれている。

　以上、「線路名称」と「基本計画」では区間表示にも微妙な違いがあり、いろいろ楽しませてくれる（？）けれども、さらにおもしろいことに、両者で起点と終点がまったく逆になっている線区も存在する。富良野線、身延線、湖西線などである。

富良野線は「線路名称」では〝富良野・旭川間〟とあり、根室本線と接続する富良野側が起点とされている。「根室線」組の一員なので、これは当然の扱いだろう。ところが「基本計画」では、〝旭川〜富良野〟と記され、函館本線の支線のように扱われている。

東海道本線の支線である身延線〝富士・甲府間〟、湖西線〝山科・近江塩津間〟も、「基本計画」では〝甲府〜富士〟〝近江塩津〜山科〟と起終点が逆転しており、本線と支線の関係がわかりづらくなっている。まあ、もっとも、組（部）の概念は今では希薄なため、これでもかまわないのかもしれないが。

解消しきれない二重戸籍

話がくどくなり恐縮するのだが、「線路名称」と「基本計画」の区間表示の相違点について座興をもう一席。

「別表第一」では二重戸籍区間が解消されたため、当然、それを基とする「基本計画」でも二重戸籍区間は存在しなかった（「別表第一」では多少のもれがありつつも、「基本計画」では完全に解消している。ただ、ＪＲ化後に駅が新設されて二重戸籍となった東海道線・中央線の金山〜名古屋間、関西線・大阪環状線の新今宮〜今宮間、鹿児島線・日豊線の小倉〜西

●図15　高徳本線と徳島本線の二重戸籍区間概念図

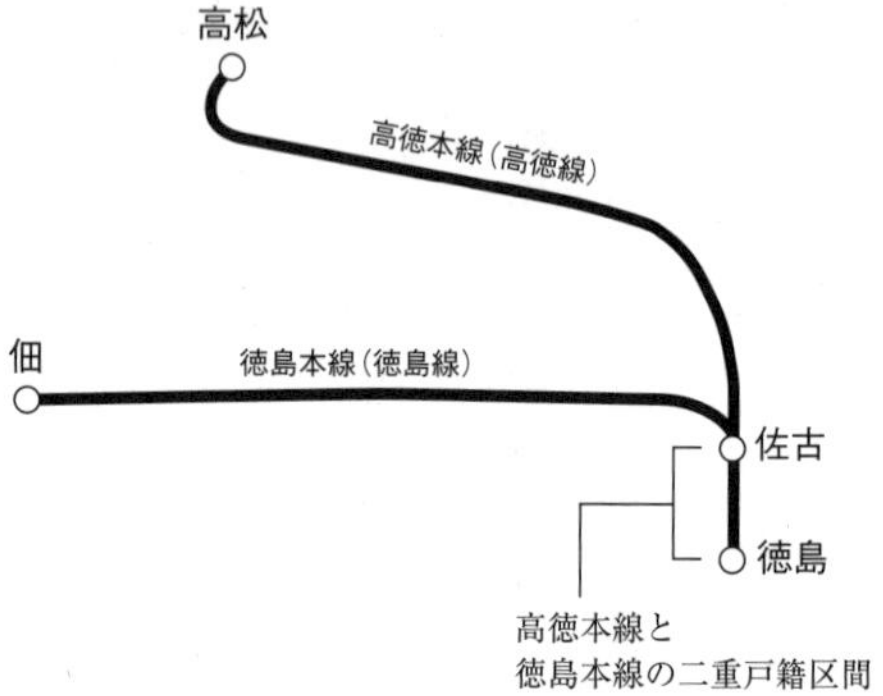

※現在の線名は高徳線・徳島線で
佐古〜徳島間は高徳線。


小倉間の三つの例外区間が後に誕生する）。

しかし、「線路名称」の方では、北陸本線と越美北線が重なっていた南福井（貨物駅）〜越前花堂《はなんどう》間が旅客会社と貨物会社の分離に関連して重複解消された例外はあるけれども（越美北線の起点を南福井から越前花堂に変更）、方針的には二重戸籍はおかまいなしであった。

例えば、「基本計画」では徳島線は〃佃〜佐古〃だが、「線路名称」では徳島本線〃徳島・佃間〃であり、徳島〜佐古間一・四キロの高徳線（高徳本線）との重複が放置されていた。

同様に山形県の左沢《あてらざわ》線も「基本計画」の〃北山形〜左沢〃に対し、「線路名称」の方は〃山形・左沢間〃で、山形〜北山形間一・九

●図16　奥羽本線と左沢線の二重戸籍区間 概念図

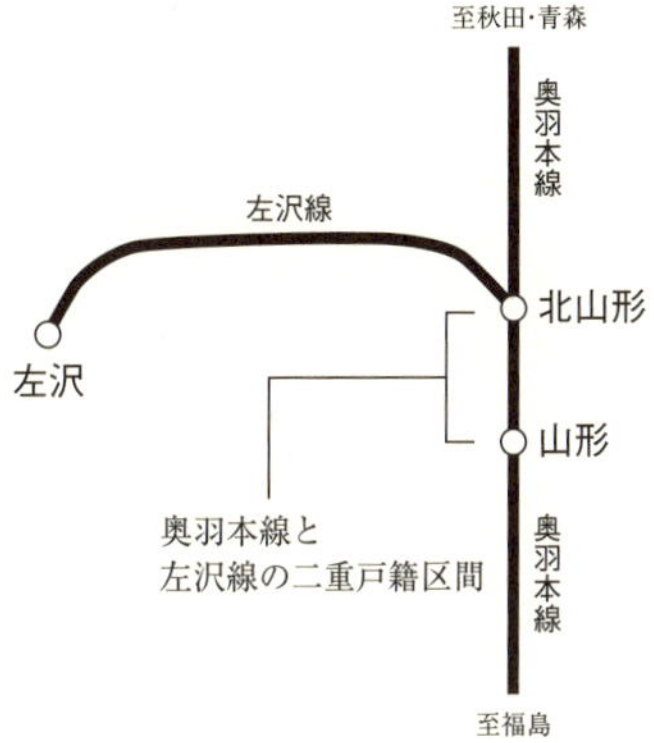

※現在の山形～北山形間は奥羽本線。

キロの奥羽本線との重複はそのままだった（山形～北山形間は当初、奥羽本線の単線と左沢線の単線が独立していたものの〔昭和二年までは奥羽本線に北山形の駅は無かった〕、奥羽本線複線化の際に左沢線の単線が活用されて両線の線路共用になる。このように線路の敷設・改良の経緯が二重戸籍誕生に関係する場合が多い。なお、現在の山形～北山形間は、新幹線直通化に伴い、奥羽本線〔山形新幹線・山形線〕用の単線と仙山線・左沢線用の単線が並ぶ形態に改められている）。

ところが、ＪＲ四国は昭和六三（一九八八）年六月一日に「線路名称」の区間表示を「基本計画」と一致させる改革をおこなう。このとき線名をすべて「○○線」に統一したのはご承知の通りだが、「線路名称」上の区間も「徳島本線」〃徳島・佃間〃から「徳島線」〃佃・佐古間〃に改められ、高徳線との二重戸籍区間は解消されたのである。

続いてJR東日本も、平成一〇（一九九八）年七月二日に同様の改革を断行（線名は従来のまま）、左沢線は「線路名称」上でも〃北山形・左沢間〃となり「基本計画」との統一が図られた。

それまで〃東京・みどり湖・塩尻間及び岡谷・辰野・塩尻間〃であったJR東日本「中央本線」も、「基本計画」に倣い、東京〜神田間の東北本線並びに代々木〜新宿間の山手線との二重戸籍を解消、〃神田・代々木間、新宿・みどり湖・塩尻間及び岡谷・辰野・塩尻間〃とされたが、こちらは途切れが生じ、いささか不細工な格好となってしまったのは残念であった（東北本線は戸籍上、東京駅が起点であり、東京〜大宮間の京浜東北線および東京〜田端間の山手線も正式線名は「東北本線」である）。

中央本線といえば、その片割れとしてJR東海「中央本線」〃塩尻・名古屋間〃が存在する。金山〜名古屋間の東海道本線との二重戸籍が見直される日はくるのだろうか。

JR東日本とJR四国の改革により、「線路名称」上でも二重戸籍区間はほとんど見られなくなった。しかし、これはあくまで駅と駅の間で重複していた場合の話で、信号場が絡んだ二重戸籍区間は「線路名称」「基本計画」ともに温存されたままである。

●図17　「信号場」概念図

- 「信号場」とは、駅以外の場所で列車を停め、行き違いや追い越しを行わせる設備だが、線路の分岐点などにも設けられる。次のような線路配線が例としてあげられる。

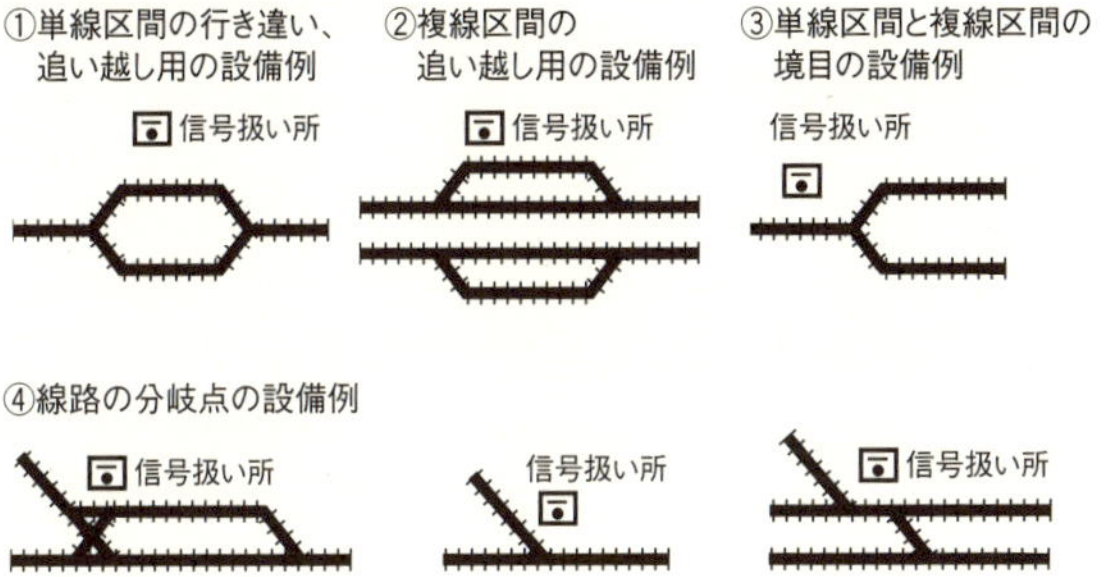

※従来は、信号扱い所に係員が常駐してポイントや信号機の操作を行っていたが、現在は遠隔操作が一般化し、無人化されたものがほとんどである。

〃信号場が絡んだ二重戸籍区間〃とは、A駅から線路を共用する二つの路線（線区）がB信号場で分岐するような場合をいう。JRでは、信号場を線区の起終点とすることはしないので、A駅～B信号場間が二重戸籍となるわけだ。

「信号場」は、列車の行き違いや追い越しをする場所、まあ、旅客や貨物の営業を取り扱わない、運転扱いだけの駅と考えて差し支えない。私鉄では「信号所」と呼称する場合も多い。

信号場が絡んだ二重戸籍区間の大御所といえるのが、北海道の根室本線と石《せき》勝《しょう》線の合流（分岐）部である。「JR時刻表」の索引地図を見ると、根室本線と

新得駅は根室本線と石勝線の合流（分岐）点のはずだが…

●図18　根室本線と石勝線の二重戸籍区間 概念図

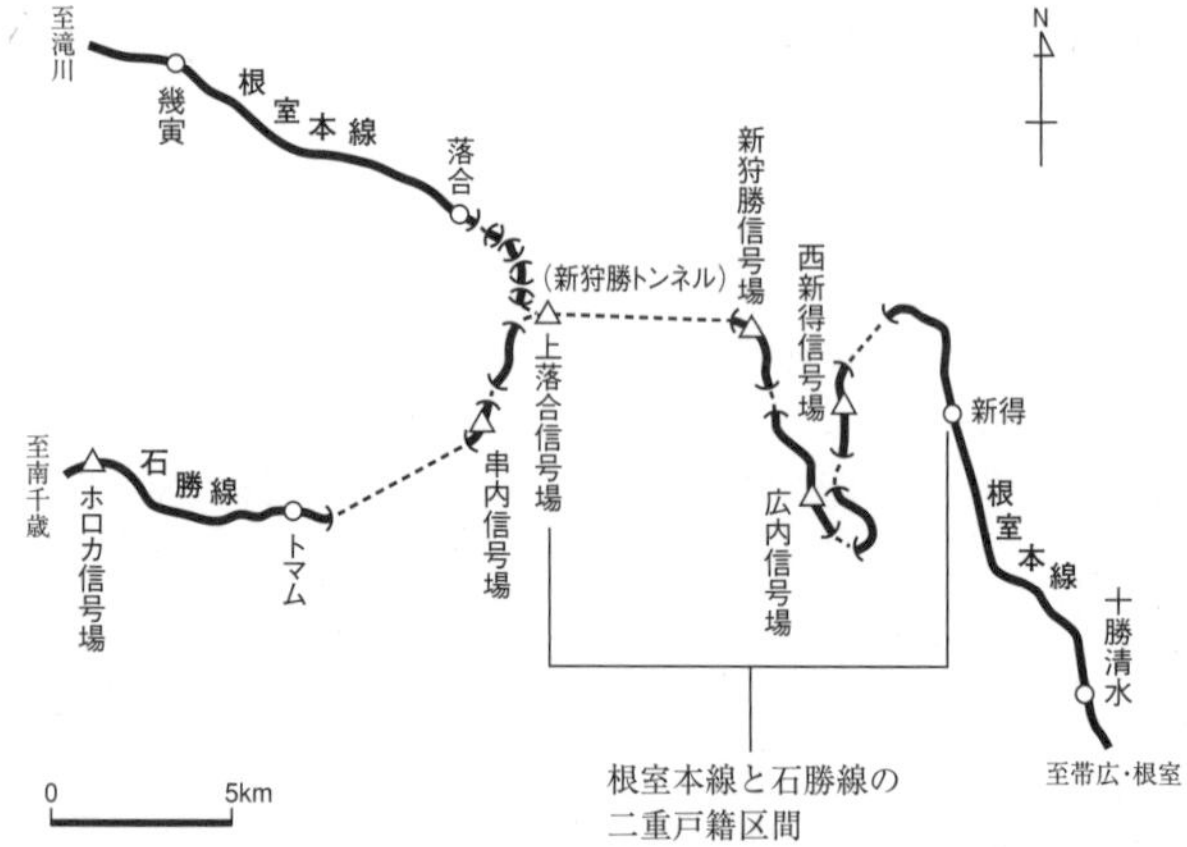

石勝線は新得《しんとく》で合流するように描かれている。運賃・料金計算など営業面から見ればこれで正しいのだが、実際の線路はそんなことにはなっていない。

根室本線と石勝線の合流（分岐）点は、新得からなんと二四・一キロも手前（滝川・南千歳方）の上落合信号場で、現場は全長五六四八メートルを誇る新狩勝《かりかち》トンネルの闇の中である（新狩勝トンネルの西口を入ったすぐのところが上落合信号場）。つまり、上落合信号場～新得間が根室本線と石勝線の二重戸籍区間となるわけだが、その長さが東京～三鷹間と同じ距離というのも、なんだか北海道らしくスケールがでかい。

根室本線と石勝線の二重戸籍区間内にある広内信号場

新狩勝信号場～広内信号場間の線路

新狩勝トンネル東口～このトンネル内に上落合信号場がある

ちなみに「ＪＴＢ時刻表」の索引地図では、さすがに上落合信号場は記されていないものの、実際に近い形で線路の合流（分岐）が描かれている。

信号場絡みの二重戸

籍区間は、ＪＲ線とそれ以外の会社線の組み合わせもある。

東北本線と第三セクターの阿武隈急行線が線路を共用する福島〜矢野目信号場間四・六キロが有名だが、実は、本書のはじめに登場した土佐くろしお鉄道中村線と予土線の間にも二重戸籍区間が存在するのである。

〝土讃線の終点窪川から先へ延びるのは土佐くろしお鉄道中村線で、予土線は中村線の次の駅、四・四キロ先の若井を起点に江川崎、宇和島方面に向かっている〟

〝起点というか分岐点の若井が、線路一本に片面ホームひとつだけの、田圃と里山と枯れススキを眺めるには絶好な駅で、およそ起点にも分岐点にも見えない寂寞とした代物だから、多くの旅人は先の事情が実感として理解できないようだ〟

冒頭の話より関係する箇所を抜き書きしてみたが、若井が起点にも分岐点にも見えないのはもっともで、実際に中村線から予土線が分岐するのは若井から三・六キロも先の川奥信号場なのである。〝川奥〟というだけにかなり山深いところで、結果、若井〜川奥信号場間が土佐くろしお鉄道中村線と予土線の二重戸籍区間となる次第（線路の財産的所有者は土佐くろしお鉄道側）。

予土線を分けた中村線は、トンネルに入り、そのまま川奥信号場北側の山中でループ線を

川奥信号場～直進する線路が予土線、右へ曲がる線路が中村線

●図19　土佐くろしお鉄道中村線とJR予土線の二重戸籍区間概念図

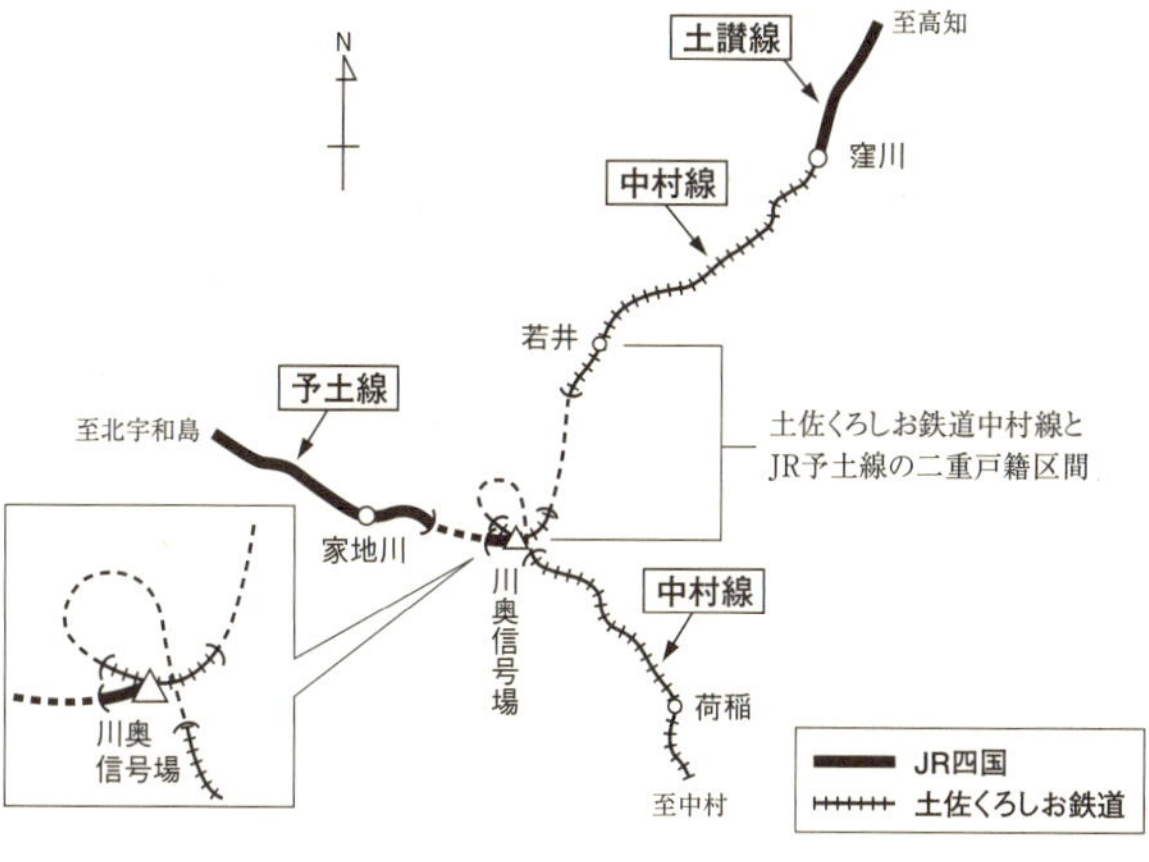

描き高度を下げ、同信号場南側の崖の下に姿を現す。川奥信号場でこれから走る線路を眼下に望むのは、なかなか楽しい余興でもある。

線路共用の老舗に見る合理性

阿武隈急行線は元々国鉄新線として日本鉄道建設公団が工事を進めていたものであり、土佐くろしお鉄道中村線も元はなにしろ国鉄中村線だから、ＪＲ線との線路共用区間があっても、まあ、さほど不自然ではない。ならば、純私鉄といえる名古屋鉄道（名鉄）名古屋本線とＪＲ東海の飯田線が線路を共用する次の例はどうだろう。

飯田線も名鉄名古屋本線も起点は豊橋である。時刻表の索引地図でその豊橋付近を見れば、二本の線はお互いなんの未練もないように、豊橋駅を表す◎印からおのおのが向かう方角へと勝手に延びている。ところが現実の両者の関係は、そんなあっさりとしたものではなく、けっこう未練がましい。

飯田線は豊橋を出ると船町《ふなまち》、下地《しもじ》という小駅に停まっていき、なんと、その下地の先まで名古屋本線が同居するのである。両線の分岐点は、豊橋から三・九キロ地点、昔は平井信号場と称していたが、今は飯田線小坂井駅の構内扱いとされ、ポイントや信号の切り換えは、

旧平井信号場下り線分岐部〜左側へ分かれる線路が名鉄線、右側が飯田線

名古屋の東海総合指令所で遠隔操作している（名鉄側は豊橋〜旧平井信号場間を三・八キロとする。なお、船町、下地の両駅は、飯田線の駅なので、名鉄列車はすべて通過となる）。

この線路共用区間最大の特徴は、なんといっても、JR東海、名鉄それぞれが所有する単線を合わせて、飯田線、名古屋本線共用の複線を構成している点である。豊橋〜旧平井信号場間の線路は、下り線がJR所有、上り線が名鉄所有で、見る人が見れば架線柱、鉄橋などの構造物の違いや線路の敷設場所から、そうであることが容易にわかるらしいが、それにしても合理的なやり方ではないか。同じ二本の線路でも、単線並列で使うより複線で使うほうが、はるかに列車本数が増やせるのだから。

〝合理的〟の言葉に、飯田線の前身を、ふと思い出された方もいらっしゃるに違いない。そう、豊川鉄道などの四つの私鉄である。

飯田線の豊橋〜大海《おおみ》間は豊川鉄道が明治三〇（一八九七）年から三三（一九〇〇）年にかけ開通させたもので、名古屋方面から線路を延ばしてきた愛知電気鉄道が昭和二（一九二七）年に豊橋に達して以来、線路共用は続いているという。当初は互いが私鉄だったため、かかる合理的な線路使用法が編み出されたのだろう。

線路共用の契約は、昭和一八（一九四三）年の豊川鉄道国有化以降、国鉄（鉄道省→運輸

通信省→運輸省→日本国有鉄道）と名鉄間に移り、現在のＪＲ東海にまで受け継がれている。
鉄道会社間による線路共用の、まさしく老舗あるいは化石と呼べる存在である。

鉄道地図の境界のはなし

時刻表の索引地図にも示される線路の境界

「周遊きっぷ」の「北海道ゾーン」を買うとき、津軽線の中小国《なかおぐに》という、およそ普段あまり縁のない駅が、にわかに脚光をあびてくる。北海道ゾーンの入口（出口）駅だからであり、その「ゾーン券」とセットで売られる「ゆき券」「かえり券」（出発地からゾーンまでの往復の乗車券）も当然、中小国着発とされるため、旅行中も幾度となく「中小国」の文字を眼にすることになる。

時刻表の索引地図によれば、この中小国駅でＪＲ東日本の津軽線からＪＲ北海道の海峡線が分岐している。なるほど、北海道ゾーンの入口（出口）駅とされるわけだ。

海峡線は青森県の中小国駅と北海道渡島支庁管内の木古内《きこない》駅を結ぶ路線で、かの青函トンネルを擁することでも名高い。「ＪＴＢ時刻表」の索引地図では「海峡線」、「ＪＲ時刻表」

のそれでは「津軽海峡線」と記載され、いささか扱いは不統一であるが、前者は正式な線名、後者は愛称線名で、旅客案内上は青森〜函館間の路線の総称として「津軽海峡線」を多用する。

ところで中小国に話を戻すと、ここも若井同様の線路一本、片面ホーム一つだけの簡素な駅で、海峡線の起点、分岐点にはとても思えない。本州もここいらへんまで来ると、景色も寂寥《せきりよう》とした眺めとなるので、若井以上に空虚な印象を訪れる人に与えるだろう。北海道に向かう列車も、北海道からやって来る列車も、みな中小国を無視して通過するので、よけいに寒々しい。

お察しの通り、実際に津軽線から海峡線が分岐するのはここではない。中小国の二・三キロ先にある新中小国信号場というところである。

その信号場の入口付近、津軽線の線路と海峡線の線路を分けるポイントの傍らに、白い標柱が立っている。ＪＲ東日本とＪＲ北海道の会社境界標である。私は、この標柱が下り列車

北海道方面の列車はすべて通過する中小国駅

●図20　津軽線と海峡線の分岐部　概念図

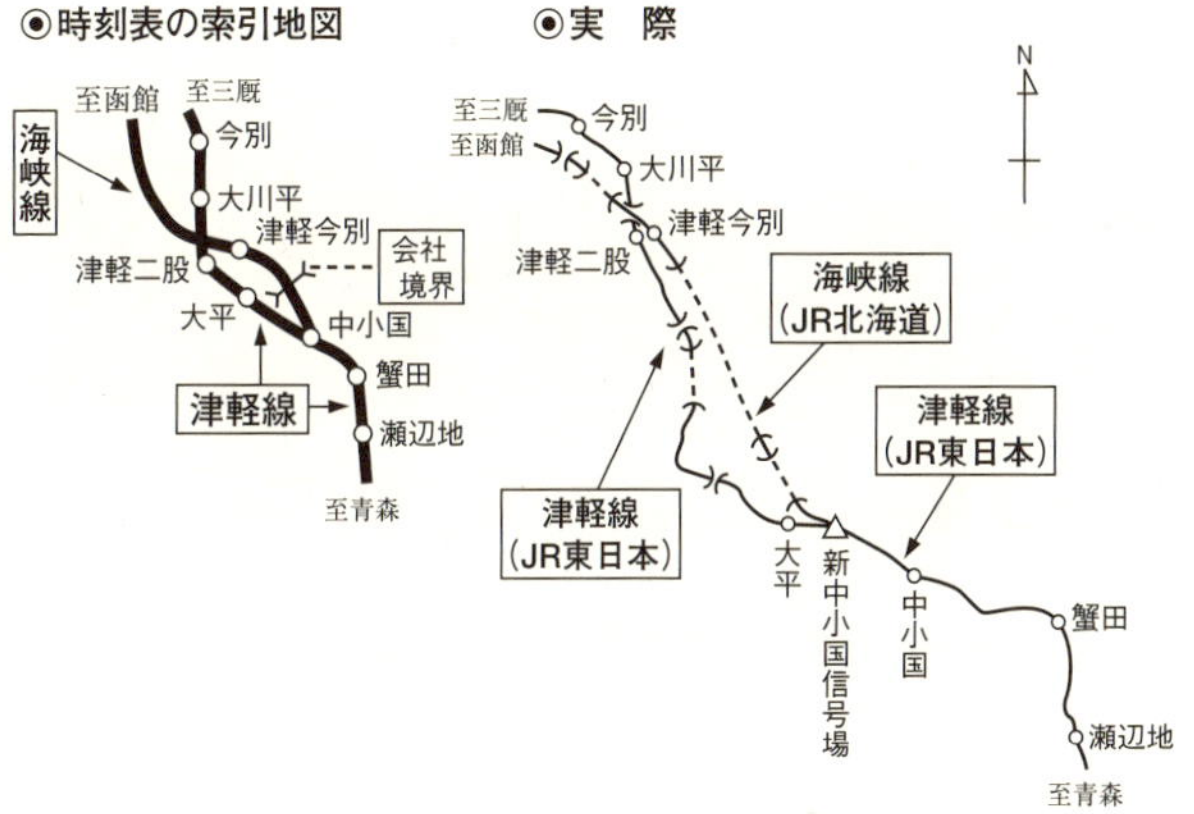

の窓を過ぎるのを見るたび、異国に足を踏み入れるような錯覚にとらわれる。

明治以降に和人が大量入植した、〃開拓地〃と呼べる北海道ならではの風土的特殊性がそうさせるのかもしれない。もっとも、まだここは本州なのだが……。

JRの会社境界は、時刻表の索引地図にも画然と示されている。「JTB時刻表」は「I」、「JR時刻表」は「—・—・」の符号だが、かような境界符号は、昭和一〇年代ごろから時刻表の索引地図に出現したという。「鉄道省編纂時刻表」昭和一五（一九四〇）年一〇月号復刻版（JTB刊）を見れば、確かに鉄道局の境界を「—・—・」で表している。朝鮮及び満州の頁では、朝鮮総督府鉄道

新中小国信号場の津軽線と海峡線の分岐部〜右へ分かれる線路が海峡線

新中小国信号場の線路分岐部に立つ会社境界標

局所管鉄道線（鮮鉄）と南満州鉄道（満鉄）鉄道総局線の境界に同様の符号が用いられている。

鮮鉄と満鉄の境界は当然、大日本帝国と満州帝国の国境と一致するはずだが、まれにそうではない箇所もある。朝鮮の咸鏡《かんきょう》北道《ほくどう》では、一部の路線が満鉄の経営だったりして、見れば見るほどに興味はつきない。

戦後の「日本国有鉄道編集時刻表」「日本国有鉄道監修時刻表」（日本交通公社刊）でも、鉄道管理局の境界として、「⌶」や「Ｉ」の符号を見ることができる。

「鉄道局」とか「鉄道管理局」というのは、「鉄道院」「鉄道省」「日本国有鉄道」など国有鉄道運営母体の地方機関で、本社（本院、本省）と各現業機関のパイプ役、調整役といった存在である。その歴史についても見ていくとなかなか興味深いものがある。

興味のない人には迷惑かもしれないが、地方機関の歴史を要約すれば、だいたい次のようになる。

時代とともに変化する鉄道地図の縄張り

起源は明治四一（一九〇八）年一二月五日で、それまでの帝国鉄道庁に替わる国有鉄道の運営母体、および逓信省鉄道局に替わる私設鉄道（私鉄）監督行政の役所として発足した内閣直属の鉄道院は、地方機関としては初の鉄道管理局を全国に設置する。このとき誕生したのは、北海道鉄道管理局（札幌）、東部鉄道管理局（上野）、中部鉄道管理局（新橋）、西部鉄道管理局（神戸）、九州鉄道管理局（門司）の五つであった。

内閣に鉄道院が置かれたのは、「鉄道国有法」による幹線系主要私鉄買収の直後であり、当然、五つの鉄道管理局は私鉄時代の体制が色濃く残る独立色の強い組織体となった。おのおのが強力な権限を持っていたため、サービスなどの統一も遅々として進まなかったという。鉄道院本院の方針すらも、おいそれとは現場に浸透しなかった。

不統一の例として、こんな話が残っている。大正六（一九一七）年に官鉄ゆずりの中部鉄道管理局（東海道本線などを所管）は、列車乗務員（車掌、列車ボーイ）に対するチップ廃止の方針を打ち出したところ、山陽鉄道の流れをくむ西部鉄道管理局（山陽本線などを所管）がこれに真っ向から反発。しばらくは、二つの局で対応がまったく異なる事態が生じてしまったのである。東海道本線と山陽本線を直通する列車は、両局の乗務員が列車を分担し直通乗務していたので、乗客もさぞかし困惑したに違いない。

まさかチップ問題が原因ではなかろうが、大正八（一九一九）年五月一日には、札幌、仙台、東京、名古屋、神戸、門司の六つの鉄道管理局体制に改められる。しかし、それも束の間だった。

翌大正九（一九二〇）年五月一五日、鉄道院を昇格させるかたちで鉄道省が発足する。鉄道の政治的、社会的重要性の高まりによる改編であり、このとき鉄道管理局はすべて廃止となって、札幌鉄道局、仙台鉄道局、東京鉄道局、名古屋鉄道局、神戸鉄道局、門司鉄道局が新たな地方機関として設置されたのである。

以降、神戸鉄道局の廃止、大阪鉄道局、広島鉄道局、新潟鉄道局、樺太鉄道局、四国鉄道局の新設などがおこなわれる。樺太鉄道局はお察しのとおり、昭和一八（一九四三）年から二〇（一九四五）年までのわずか二年間という短命であった。

敗戦後、ＧＨＱの有無を言わさぬ命令により、昭和二四（一九四九）年六月一日に発足した公共企業体「日本国有鉄道」は、運輸省（鉄道省の後身）時代の札幌、仙台、新潟、東京、名古屋、大阪、四国、広島、門司の各鉄道局をそのまま引き継ぐも、昭和二五（一九五〇）年八月一日の地方組織改正で鉄道局を全面的に廃し、新たに、旭川、釧路、札幌、青函、盛岡、秋田、仙台、新潟、高崎、水戸、千葉、東京、長野、金沢、静岡、名古屋、大阪、天王寺、福知山、岡山、米子、広島、門司、大分、熊本、鹿児島の二六の鉄道管理局と四国総局を設置する。

これが戦後の基本形となるわけだが、昭和三二（一九五七）年一月一六日には、本社と鉄道管理局の間に北海道、東北、関東、中部、関西、西部の六支社を設け、本社の権限を大幅に委譲したりもする（後に新潟、中国、四国、東海道新幹線の四支社が加わる）。例えば、静岡鉄道管理局、名古屋鉄道管理局、長野鉄道管理局、金沢鉄道管理局の束ねとして中部支社を置くといった具合だ。本社との交渉や喧嘩などは支社の役目となったから、管理局はさぞかし現場管理に専念できただろう。

けれども、こんどは中間管理機構の簡素化、効率化が謳われ、昭和四五（一九七〇）年八月一五日、支社は全面的に廃止となる。上意下達が速やかにいかなかったのか、それとも管理局の要望が本社へ届き難かったのか。

ただし、三つの島と新幹線関係だけは、支社の代替として北海道総局、四国総局、九州総局、東海道新幹線総局が置かれている。

その後も東京鉄道管理局の三分割や、北海道総局と札幌鉄道管理局の統合、九州総局と門司鉄道管理局の統合など若干の改編があり、結局は、北海道総局、四国総局、九州総局、新幹線総局と、旭川、釧路、盛岡、秋田、仙台、新潟、高崎、水戸、千葉、東京北、東京南、東京西、長野、金沢、静岡、名古屋、大阪、天王寺、福知山、岡山、米子、広島、大分、熊本、鹿児島の各鉄道管理局および青函船舶鉄道管理局という面々で、国鉄の終わりを迎えるのであった。

鉄道院発足当初の五つの鉄道管理局から比べれば、ずいぶんと増えたものの、それだけ路

●図21　旧国鉄時代の秋葉原付近の鉄道管理局境界　概念図

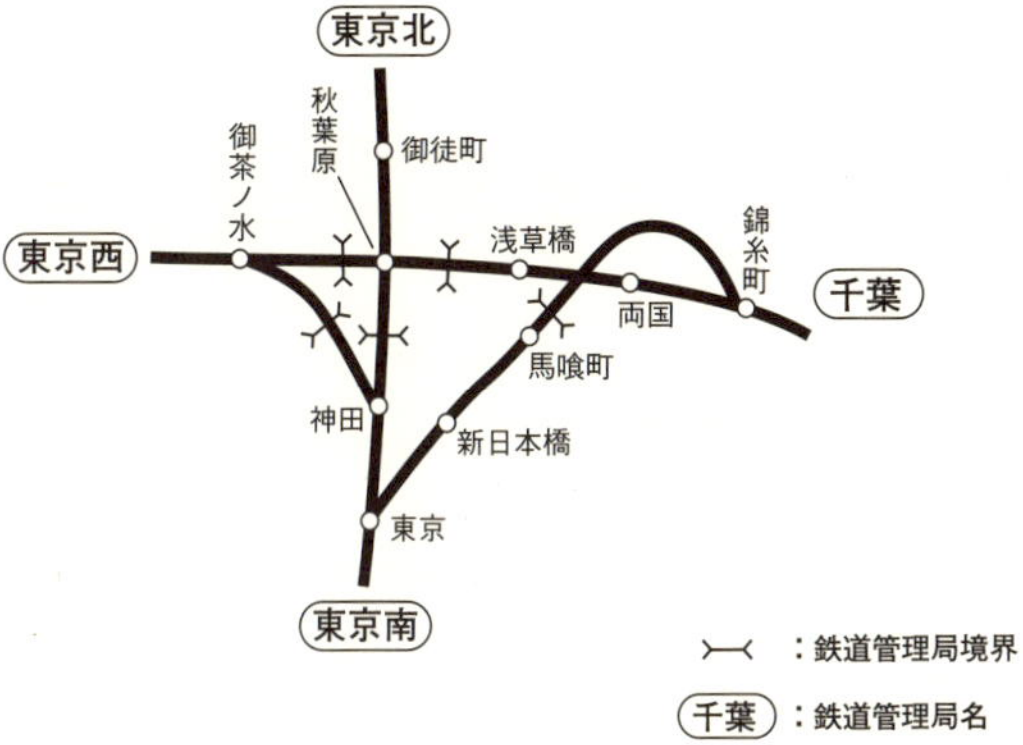

線の数も旅客、貨物の輸送量も増大したということなのだろう。

最近の時刻表の索引地図では、JR旅客鉄道六社の境界のみしか示されていないが、国鉄末期の索引地図には、新幹線総局を除く三総局と二六管理局の境界が載っていたわけで、押し入れの奥から当時の時刻表を引っ張り出し繙いてみれば、まさに境界だらけの賑やかな鉄道地図が姿を現した。

今はメイド喫茶などで有名な東京の秋葉原界隈は、ほんとうに境界の巣窟だ。秋葉原駅は東京北局の管内でも、隣接する四駅のうち三駅は管理局を異にしている。東の浅草橋は千葉局、南の神田は東京南局、西の御茶ノ水は東京西局で、それぞれの駅間に境界を示す符号がある。近辺にも、中央本線（中央線）・神田～御茶ノ水間に東京南局と東京西局の、総武本線（総武快速線）・馬喰町《ばくろ》～錦糸町間に東京南局と千葉局の境界があり、都合五つもの局界が踵《きびす》を接する、紛れもない境界銀座だ。

長距離列車の車掌は「管理局変われば外国」などとよくもらしていた。管理局の境界には、現在のJR会社境界標によく似た局界標が大方は備わっていて、わざわざそこで記念写真を撮るその筋の趣味人までもいた。局界は駅と駅のほぼ中間地点にあることが多く、駅間距離の長い地方では、そこまでたどり着くのにも往生しただろうが、それだけ境界というものには、魔力めいたなにかが潜んでいるのかもしれない。

露天風呂における女湯と男湯の境界は野暮かとは思うけれど、私も国境とか県境などには旅情を感じるほうで、鉄道の境界標を見るのも、もちろん大好きである。別にどうということもない代物なのではあるが……。

人生いろいろ、境界もいろいろ

国鉄をJR各社に分割する際、局界がけっこう役立ったように思われる。

静岡鉄道管理局と長野鉄道管理局の境界があった飯田線・宮木～辰野間に、今はJR東海とＪＲ東日本の境界があるように、ＪＲ会社境界の多くは旧局界と重なっている。

例えばＡ、Ｂ、Ｃ、Ｄという四つの局が置かれた地帯を、Ｘ社とＹ社に分割しなければならない場合を想定してみよう。各局を二つに割って、各々の片割れを集め二社を構成するよりも、Ａ局とＢ局はＸ社、Ｃ局とＤ局はＹ社というふうに振り分けていったほうがはるかに都合がいい。現場の抵抗も少なく、分割準備もすんなりいくからである。

ただ、一部には、旧局界から大きくかけ離れたＪＲ会社境界というのも存在する。中央本線におけるＪＲ東日本とＪＲ東海の境界は塩尻～洗馬《せば》間だが、かつての長野局と名古屋局の境界は、そこよりも八〇キロほど下った田立《ただち》～坂下間にあり、これは長野・岐阜県境と一致する。紀勢本線についても大きな相違が見られる。現在は、鵜殿《うどの》～新宮間にＪＲ東海とＪＲ西日本の境界があるのに、国鉄時代は亀山～和歌山市間の全線が天王寺鉄道管理局の管轄であった。

細かいことをほじくり出せば、東海道本線のＪＲ東海とＪＲ西日本の境界は醒《さめ》ケ井《い》～米原間であっても、対する旧名古屋局・大阪局の境界は米原～彦根間で、位置が一駅間ずれている。大糸線や身延線などでも、会社境界と旧局界に微妙なずれが見られる。

さらに重箱の隅をつつくようで申し訳ないのだが、会社境界と旧局界が時刻表の索引地図上で一致しているような箇所でも、実際は位置がずれている場合がほとんどである。

東海道本線でのJR東日本とJR東海の境界は、熱海〜函南《かんなみ》間の丹那トンネル東口を入ってすぐのところであるのに対し、旧東京南局・静岡局界は同じ熱海〜函南間でも、丹那トンネル西口を出た先であった。

飯田線の宮木〜辰野間についても同様で、旧局界は一・一キロある駅間のほぼ中間地点、JR東海・JR東日本境界は辰野駅の場内信号機付近、と位置が異なっている（場内信号機とは、列車に対し駅への進入の可否を知らせる信号機で、駅間とされる区域と停車場〔駅〕区域の境目にあるのが一般的）。

話がくどくなるので局界についてはもうこれぐらいにするけれど、旧局界は駅間のほぼ中間地点に位置することが多かったのに対し、JRの会社境界は、おおむね駅（境界駅）の場内信号機付近にある。境界標を見るなり写すなりする人にとっては、仕事も楽になったという次第。

旧国鉄の鉄道管理局界とJR会社境界を中心に、鉄道地図の境界について、たわいない話を続けてきたが、時刻表の索引地図には載っていない境界というのもたくさんある。

今の世で旧鉄道管理局に相当するのはJR四国以外のJR各社に存在する支社だが、この支社境界にも立派な境界標があったりする。

例えば、山陽本線の上郡《かみごおり》～三石間ではＪＲ西日本の神戸支社と岡山支社の境界標を眼にするし、かの根室本線・落合～上落合信号場間でも新狩勝トンネルに入る直前でＪＲ北海道本社直轄区域と釧路支社の境界標が車窓を過ぎる。しかし、どちらも駅からはだいぶ離れたところなので、実際に現地へ行こうと思えば大変だ。特に後者は、まったくの無人地帯だから、ヒグマにも注意しなければならない。

支社境界は旧局界と同じように、駅と駅の中間地点に位置することが多い。現場を訪ねようとする人は少ないとは思うけれども（だいたいそんな趣味人がいるのかどうかも疑わしいが）、全国版時刻表の索引地図でも道内時刻表のように所在地をつまびらかにしてもらいたい境界のひとつではある。車窓から眺めるという楽しみもあるのだから。

ＪＲとその他鉄道の境界というのもある。これの境界標は、ＪＲ会社境界と同じように駅・信号場の場内信号機の袂《たもと》か、あるいは両社の線路をつなぐ渡り線（連絡線）の途中に立つことが多い。

前者の例としては、まず川奥信号場があげられよう。予土線家地川《いえちがわ》駅方に向く場内信号機付近で、土佐くろしお鉄道とＪＲ四国の財産および管理の境界を示す標柱を眼にすることが

●図22　「渡り線」概念図

●「渡り線」とは、基本的には平行する２本の線路の両方にポイントを設け、その間を接続線で連絡したものをいう。

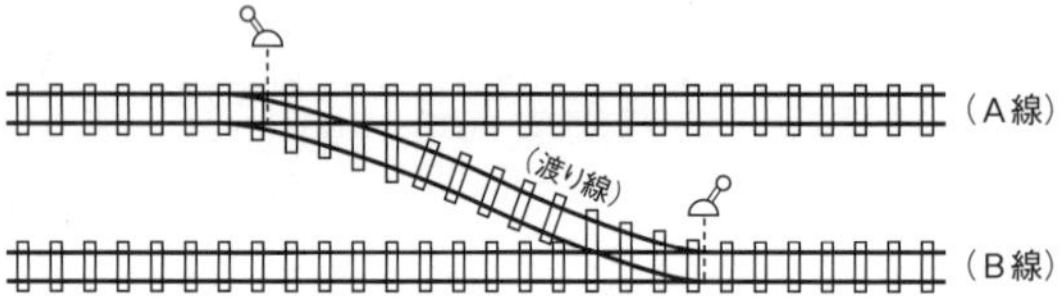

※Ａ線とＢ線が別会社の線路の場合は、渡り線の途中に会社境界が設けられることが多い。

できる。ＩＧＲいわて銀河鉄道からＪＲ花輪線が分かれる好摩駅も同様だ。花輪線の東《ひがし》大更《おおぶけ》駅方に向く場内信号機の真下にＩＧＲとＪＲ東日本の境界標がある（現場はいわて銀河鉄道線の複線から花輪線の単線が離れた先）。

後者については、ドラゴンレールこと大船渡線と三陸鉄道南リアス線の盛駅が一例といえる。この駅はホームの一部や跨線橋こそＪＲ東日本と三陸鉄道の共用でも、駅舎と構内の線路は両社の領域が明確に分かれており、三陸鉄道の着発線とＪＲの本線路とを結ぶ渡り線の途中に小さな境界標が立っている。

もちろん、ＪＲ以外の鉄道同士の境界も存在している。東北本線・盛岡〜八戸間を引き

JR 東日本・IGR 境界付近を行く花輪線列車

盛駅構内に立つ三陸鉄道／ JR 東日本境界標

好摩駅の構内外れに立つ JR 東日本／ IGR 境界標

旧平井信号場付近に立つ保線区の境界標

継いだＩＧＲいわて銀河鉄道と青い森鉄道両社の境界は、ともに県が出資する第三セクターらしく金田一温泉～目時《めとき》間の岩手・青森県境にある（この境界は財産および管理上のもので、旅客営業上は目時駅が両社の境界となる）。現場は目時にほど近いが、馬淵川を渡る第七馬淵川橋梁上だから、おいそれとは近寄れない。列車の窓から「ＩＧＲいわて銀河鉄道／青森県」と記された標柱を見て楽しむしかないようだ（なぜ「青い森鉄道」ではなく「青森県」と記されているのかは、後ほどのお楽しみ）。

以上の境界すべてを索引地図に明示したら、実用的かどうかは疑わしいものの、それはそれでまた楽しい鉄道地図になると思う。

夜空に輝く幾千もの星のごとく、全国に無数にある保線区の管理境界というのも忘れてはならない（？）。ＪＲ飯田線と名鉄名古屋本線を分ける旧平井信号場の下り線ポイント付近の線路端にも実は、「岡崎保線区／新城工務区」と書かれた、ＪＲ会社境界標並みの立派な標柱が立っている。これは、ＪＲ東海社内の線路保守係の縄張り（管理区域）を示す境界標だ。

一方、同じ地点の線路を挟んだ反対側にも、何も書かれていない小さな白い境界標らしきものがある。たぶん、岡崎保線区と名鉄のどこかの保線区の管理境界を示すものだろう。すなわち、ＪＲ東海と名鉄の会社境界ともなるわけだ。

土地の境界も見逃してはならない。線路は必ずしも当該鉄道会社の所有する土地上に敷かれているものとは限らないので……。と、これ以上、続けると、話がとんでもなく細かいところにまで及んでしまいそうだ。いささか頭も痛くなってきた。

お後もよろしいようなので、「鉄道地図の境界のはなし」はこのへんで幕引きとさせていただく。

大家と店子のはなし

線路を持たない鉄道会社と線路を持つだけの鉄道会社

平成一九（二〇〇七）年一〇月一日、養老鉄道、伊賀鉄道なる新手の鉄道会社が誕生し、それまで近鉄が運営していた養老線、伊賀線というローカル線の事業を引き継いだ。

近鉄養老線を引き継いだ養老鉄道

同じく近鉄伊賀線を引き継いだ伊賀鉄道

養老鉄道、伊賀鉄道はともに近鉄の連結子会社なので、いわゆる分社化である。

ここでひとつ、判断に迷う問題が起こった。問題といっても大したことでもないのだが、今まで近鉄を紹介する本なり記事なりには、決まって〃大阪、京都、奈良、三重、愛知、岐阜の近畿・東海二府四県に路線を張り巡らす、JR以外の鉄道会社としては我が国最大規模の存在〃というような記述が見られた。しかし、今後は、岐阜県を取り払って〃大阪、京都、奈良、三重、愛知の近畿・東海二府三県〃にすべきなのか、それとも従来通りの二府四県でいくべきなのか、大いに悩まされるのである。

というのも、近鉄線中、唯一岐阜県下を走っていた養老線が変じた養老鉄道の処遇が実に難しいからである。養老線はもう近鉄線ではないのだから、岐阜県を外すのが当然と思う人も多いかもしれない。けれども、養老鉄道養老線はなお近鉄線の一部という見方も出来なくはないのである。

本書の中では珍しくも改まった話となり、肩がこるかもしれないが（もう、こっているとの声も聞こえてきそうだが）、「鉄道」を規制する法律に「鉄道営業法」「鉄道事業法」というのがある。

「鉄道営業法」は明治三三（一九〇〇）年公布の化石のような法律で、鉄道の設備について規制するほか、鉄道による運送の商法では取り上げていない事柄を規定し、加えて鉄道係員や旅客、公衆に対する禁止行為を定めている。

一方の「鉄道事業法」は、鉄道事業を営む者の監督に関する事柄を規定した法律で、国鉄改革（民営分割化）の際に、それまで国鉄を規制していた「日本国有鉄道法」他と私鉄を規制していた「地方鉄道法」を一本化するかたちで制定された。

「鉄道事業法」最大の目玉は、鉄道事業を「第一種鉄道事業」「第二種鉄道事業」「第三種鉄道事業」の三種類に区分し定義したことである。

従来の鉄道事業者は、自らが鉄道線路を敷設、所有し、その線路を使用して他人の需要に応じ、旅客・貨物を運送することが大原則であった。ところが「鉄道事業法」では、この原則以外の鉄道事業を認めたのである。

三種類の鉄道事業の概要はこうである。

（一）第一種鉄道事業

自らが鉄道線路を敷設し、他人の需要に応じて旅客・貨物の運送をおこなうとともに、自己の線路容量に余裕がある場合に第二種鉄道事業者に使用させることができる事業。

（二）第二種鉄道事業
第一種鉄道事業者、または、第三種鉄道事業者が敷設した鉄道線路を使用し、他人の需要に応じて旅客・貨物の運送をおこなう事業。
（三）第三種鉄道事業
鉄道線路を敷設して第一種鉄道事業者に譲渡するか、または、第二種鉄道事業者に使用させる事業で自らは運送をおこなわない。

以上の鉄道事業のほかに、やや特殊なものとして「専用鉄道」というのもある。「専ら自己の用に供するため設置する鉄道」がその定義で、ＪＲや私鉄の駅から企業の工場内へと延びる貨物の専用線（引込線）などが該当する。所有・管理者は荷主企業の場合が多く、なかなか実態は明かされない。

まあ、専用鉄道はともかくとして、第一種鉄道事業は従来の鉄道事業に加え、他人に線路を貸すことを可能としたもので、もっとも一般的なかたちといえる。多くの鉄道事業者がこれである。

奇抜なのは第二種鉄道事業と第三種鉄道事業だ。第一種鉄道事業者が自社ビルで商売する会社だとすれば（空き部屋をテナント貸しすることもある）、第二種鉄道事業者は賃貸ビルで商売する会社となろう。第三種鉄道事業者はビルの建設会社か大家といったところである。

意外な線路の意外な大家

大家に対し店子といえる第二種鉄道事業者の総大将がＪＲ貨物である。なにしろ、ほんの一握りの貨物支線のみが自社の所有する線路（第一種鉄道事業区間）で、営業線の大多数はＪＲ旅客鉄道各社の線路を借りているのだから。そもそも、「鉄道事業法」で第二種鉄道事業なる形態を定めたのは、このＪＲ貨物のためといえる。

ＪＲ貨物はＪＲ旅客鉄道各社の他に、一部の第三セクター鉄道からも線路を借りて運送をおこなっている。ＩＧＲいわて銀河鉄道、しなの鉄道、愛知環状鉄道、名古屋臨海高速鉄道、肥薩おれんじ鉄道がその大家の面々だが（いずれも第一種鉄道事業者）、各線路ともかつては国鉄・ＪＲ線だったところが共通している（「愛知環状鉄道線」には現在、定期貨物列車の設定は無い）。

ここで、東北本線の目時〜八戸間を引き継いだ青い森鉄道が大家に入っていないことをいぶかしく思われた方も多いかもしれない。確かにＪＲ貨物の営業線には「青い森鉄道線」目

青い森鉄道は線路を持たない鉄道会社

時〜八戸間というのが存在し、首都圏と北海道などを結ぶ高速貨物列車が一日当たり二〇往復以上もそこを通過している。しかし、「青い森鉄道線」の線路所有者は青い森鉄道ではなく、大家は意外な組織体なのであった。

実は、目時〜八戸間は青森県が第三種鉄道事業者として線路を所有し、青い森鉄道とJR貨物が第二種鉄道事業者となって、前者は旅客列車を、後者は貨物列車をそれぞれ走らせている。青森県が線路を所有するのは、青い森鉄道に固定資産税などを負担させないことで、同社の経営安定化を図ろうと考えたためらしい。

目時付近のIGRいわて銀河鉄道と青い森鉄道の境界に立つ標柱に「IGRいわて銀河鉄道／青森県」と記されている理由は、これだったのである。

青森県のような第三種鉄道事業専門の鉄道事業者は通常、表面には出てこないものなので、その存在を知る人は少ない。まあ、一般の旅客にとっては知る必要もない

●図23　地下鉄南北線・三田線の鉄道事業形態　概念図

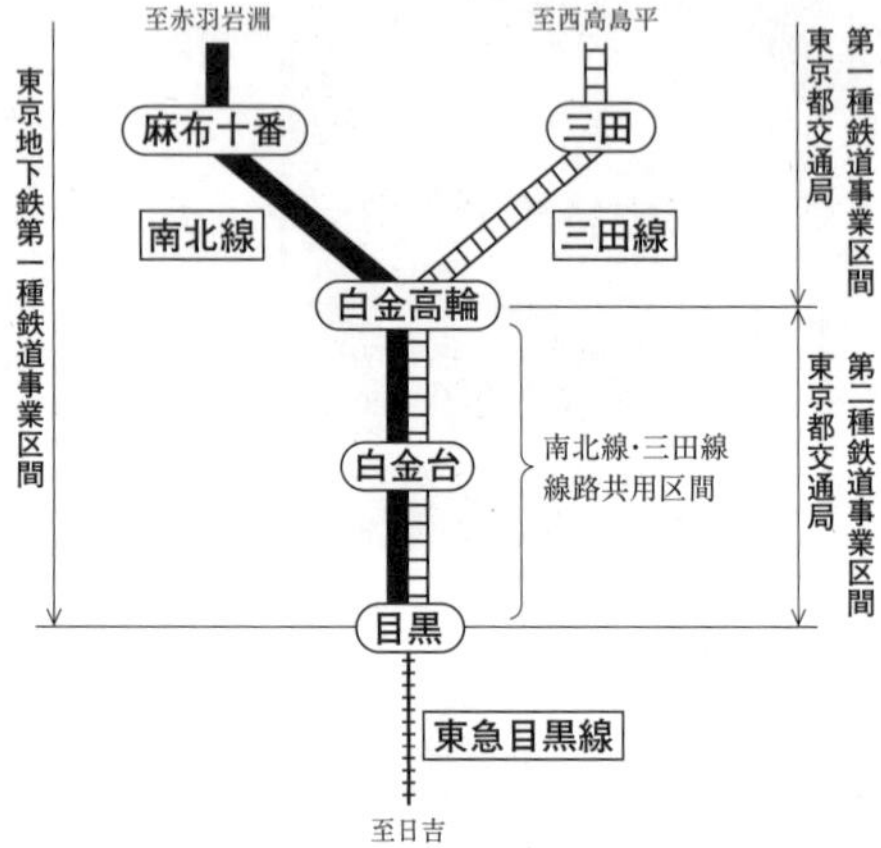

ことだろうが、成田空港高速鉄道〈JR東日本、京成電鉄〉、千葉ニュータウン鉄道〈北総鉄道〉、中部国際空港連絡鉄道〈名古屋鉄道〉、上飯田連絡線〈名古屋市交通局、名古屋鉄道〉、京都高速鉄道〈京都市交通局〉、奈良生駒高速鉄道〈近畿日本鉄道〉、関西国際空港〈JR西日本、南海電気鉄道〉、大阪外環状鉄道〈JR西日本、JR貨物〉、大阪港トランスポートシステム〈大阪市交通局〉、和歌山県〈南海電気鉄道〉、神戸高速鉄道〈阪急電鉄、阪神電気鉄道、山陽電気鉄道、神戸電鉄、北神急行電鉄〉などがその仲間である（社名の後の〈　〉内は線路の貸与先）。

JRの正式線名で唯一「JR」の文字を冠する「JR東西線」というのが大阪都心の地

●図24　のと鉄道の鉄道事業形態　概念図

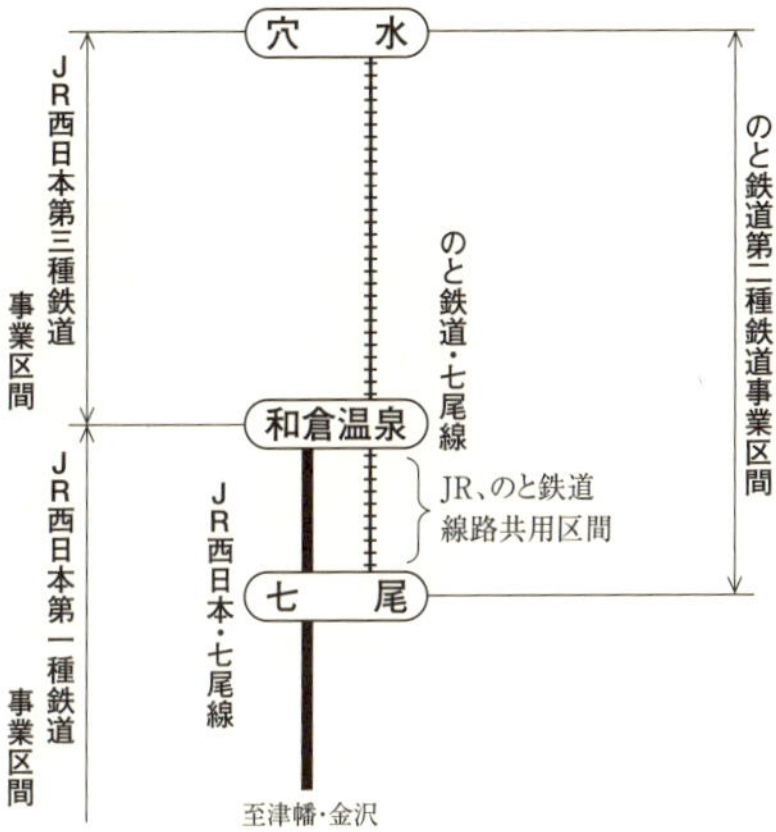

下を貫いているが、名に反してこの線路の所有者も、関西高速鉄道なる第三種鉄道事業専門の第三セクターである。

ＪＲ貨物に線路を貸す鉄道各社以外にも、自らが運送をおこなう線路を第二種鉄道事業者に貸与する事例はいくつか見られる。

代表例は東京地下鉄（東京メトロ）南北線の目黒〜白金高輪間で、同区間は都営地下鉄三田線でもある。東京地下鉄が第一種鉄道事業者、東京都交通局が第二種鉄道事業者の関係であり、こうすることによって、目黒から白金高輪を通り越し三田線方面へ向かう旅客などの運賃が都営地下鉄に一本化され、利用者の負担が増えるのを回避している（南北線・三田線共用区間の事例を知ると、かの若井〜川奥信号場間もＪＲ四国が第二種鉄道事業者のような印象を受けるけれども、信号場絡みの二重戸籍区間には、そのような概念はなく、同区間では土佐くろしお鉄道、ＪＲ四国のどちらも第一種鉄道事業者である）。

第一種鉄道事業を主とする鉄道会社が、ある線では自らが運送をおこなわない第三種鉄道事業者であったりするケースも散見される。

のと鉄道は能登半島中部の七尾と穴水を結ぶ第三セクター鉄道だが、その全線が第二種鉄道事業で、線路の所有者はＪＲ西日本となっている。つまり、ＪＲ西日本が第三種鉄道事業者である。ただ、根本の七尾〜和倉温泉間だけは、ＪＲも特急列車を走らせるため、ＪＲ西日本の第一種鉄道事業区間としている。

九州の筑豊地方に筑豊電気鉄道という西日本鉄道（西鉄）の子会社があり、黒崎駅前〜筑豊直方間一六キロの路線を運営していて、ここでも大家と店子の関係を見ることができる。〝筑豊〟の名が出てくるのも懐かしいが、筑豊電気鉄道は基本的には第一種鉄道事業者である。しかし、起点側の黒崎駅前〜熊西間〇・六キロだけは、同社は第二種鉄道事業者で、親分の西鉄が第三種鉄道事業者として線路を所有している。

西鉄もずいぶんとささやかな区間の大家ではあるものの、確かに現場で土地の境界標を見

熊西付近の「西鉄」と記された土地境界標（左）と「財産分界点」の標柱

「財産分界点」付近の西鉄北九州線廃線跡（画面中央の空き地）

●図25　筑豊電気鉄道の鉄道事業形態　概念図

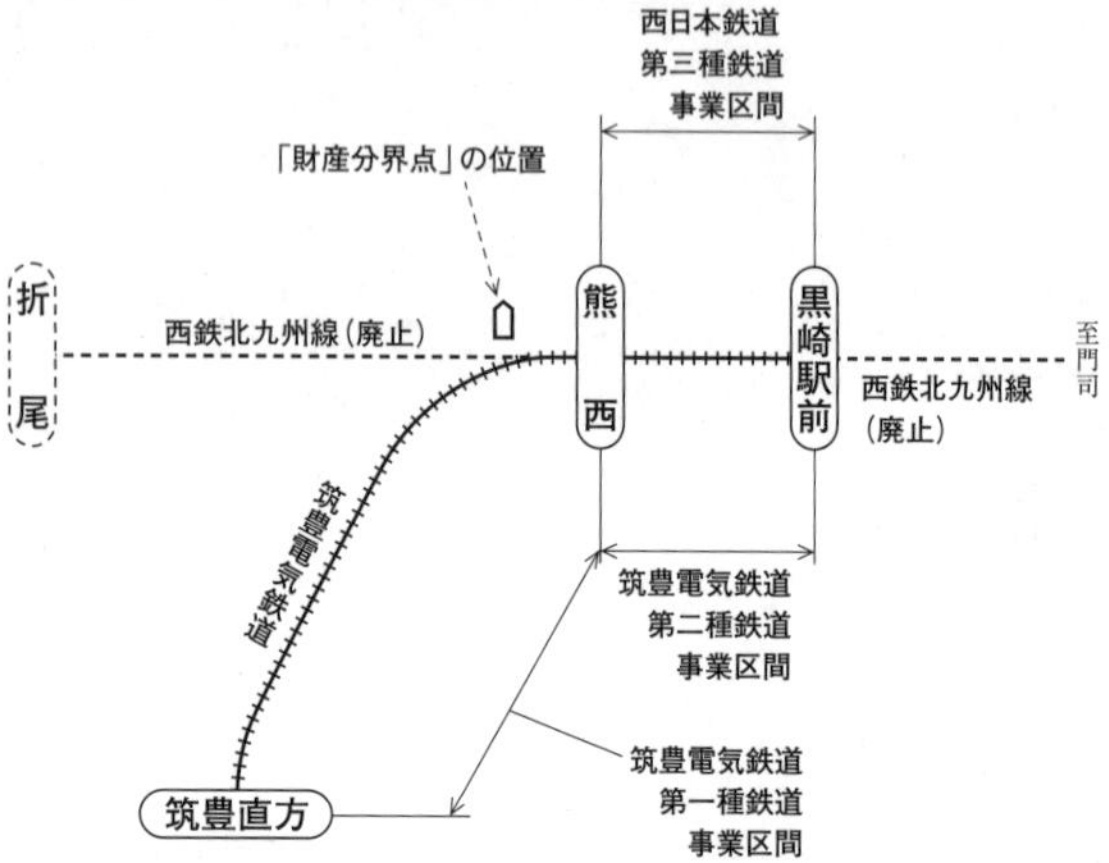

ると「西鉄」と記され、熊西の少し先、黒崎駅前起点一キロ六四メートルの地点には「財産分界点」なる標柱まで立っている。「財産分界点」とはまた、境界好きには堪えられない代物で、かように筑豊電気鉄道黒崎口の線路は実見でも西鉄の所有とすぐにわかる（熊西は事業許可上の境界、財産分界点は文字通り財産上の境界）。

西鉄はかつて、北九州市内に北九州線と称する路面電車網を有していたが、黒崎駅前～熊西間はその唯一の生き残りといえる存在で、西鉄側は今でも同区間の線名を「北九州線」としている。

以前は、「財産分界点」のところに西鉄北九州線と筑豊電気鉄道線の合流（分岐）点があり、筑豊の電車はそこから黒崎駅前まで西鉄に乗り入れる格好だった。北九州線廃止の際、筑豊電気鉄道の黒崎駅前発着を維持するため、この乗り入れ区間を西鉄が第三種鉄道事業として残したというわけである。

西鉄北九州線は路面電車のため、法規上は「鉄道」ではなく「軌道法」準拠の「軌道」とされていたが、残った黒崎駅前〜熊西間については、事業形態変更の際、「鉄道」に変えている（同区間はもともと道路上を走らない「新設軌道」のため、見た目の変化はまったくないが）。「軌道法」には、「鉄道事業法」の第二種・第三種鉄道事業のような定義がないための措置であった。

養老線は近鉄線と呼べるか

さて、そろそろ投げ出したままの養老鉄道養老線の問題に戻らなければならない。

近鉄の縄張りに岐阜県を入れるべきかどうかの悩みだったが、新たに発足した養老鉄道、伊賀鉄道と親会社の近鉄の関係は、実は黒崎駅前〜熊西間における筑豊電気鉄道と西鉄の関係にそっくりなのである。

養老鉄道、伊賀鉄道は第二種鉄道事業者にすぎなく、親会社の近鉄が第三種鉄道事業者となり養老線、伊賀線の線路設備を現在でもなお保有しているのであった。親が子のために固定資産税などを負担するということのようだ。第三種鉄道事業者は車両を持たないのが普通であるのに、近鉄はよほど子煩悩なのか、養老鉄道、伊賀鉄道に車両まで貸し与えている。

岐阜県が主たる地盤の養老鉄道養老線、そして同時に分社化された伊賀鉄道伊賀線は、以上のことからも準近鉄線と呼んで差し支えない存在に思えるし、近鉄の駅や車内などに掲出される「近鉄線ご案内」なる絵入り路線図も、二つの線をそうした扱いで描いている。だいいち、分社化後の両線の列車内でも「近鉄線ご案内」を眼にする。

僭越《せんえつ》ながら、今の近鉄を紹介する記述は、〝大阪、京都、奈良、三重、愛知、岐阜の近畿・東海二府四県に路線を張りめぐらす（第三種鉄道事業を含む）、JR以外の鉄道会社としては我が国最大規模の存在〟とするのが、もっとも適切ではないだろうか。

貨物の鉄道地図のはなし

世界観が違う貨物の鉄道地図

社団法人鉄道貨物協会なる組織体から、ほぼ一年に一回のペースで「JR貨物時刻表」という出版物が出され、売れ行きはまずまずであるという。

地球温暖化対策などから、鉄道を利用する荷主が増えているのだろうか。いや、部数がさばける理由は、それではないようだ。現物を手にしてみて、初めてわかったのだが、その筋の趣味人が実に喜びそうな編集なのである。

タイトルは「JR貨物時刻表」でも、JR線だけでなく、臨海鉄道各社（臨海工業地帯の貨物輸送を受け持つ第三セクター鉄道）やJRと連絡運輸をおこなう私鉄線の貨物列車の運転時刻も載っており、JR貨物の機関車配置表や運用表も付いている。これは好きな人にとっては涎《よだれ》が出そうな代物だ。加えて、貨物列車を対象とした「フォトギャラリー」のカラー頁まであり、力作が所狭しと並んでいる。

一冊二四〇〇円と値は張るけれども、貨物好きにはたまらない一冊である。

この「JR貨物時刻表」の巻頭にも索引地図があり、頁をめくると、旅客用とはまた違う、別の世界観を持った鉄道地図が姿を現す。

どの駅が貨物を取り扱う駅で、どの線が貨物列車を運行する線なのかといった基本的な事柄だけでなく、JR貨物の支社境界や貨物輸送に絡む信号場の位置、JR貨物の第一種鉄道事業区間などなど、知らないほうがよさそうなことまで、そこにはいろいろと載っている。

支社境界の位置はＪＲ旅客鉄道各社の会社境界とほぼ一致しても、東北線、常磐線、磐越西線、羽越線などに存在する関東支社と東北支社の境界はＪＲ貨物独特のものであり、かようなものがもろもろ出てくるわけだから、好奇心もいよいよ本領を発揮し、恥ずかしいかな、見れば見るほどに楽しくて夜も眠れない。もっとも関東・東北支社界は、ＪＲ東日本の大宮支社・水戸支社・新潟支社と仙台支社・秋田支社の境界と位置はほぼ同じようだけれど、旅客用の索引地図には出てこない境界なので、実に新鮮に映る。

ＪＲ貨物では四国は関西支社の管轄ゆえ、本四備讃線《ほんしびさん》（瀬戸大橋線）児島〜宇多津間のＪＲ西日本・ＪＲ四国会社境界の位置に（実際の位置は児島駅の宇多津《うたづ》方場内信号機付近）、境界符号が描かれていないのも、見ようによっては清々《すがすが》しい。

さらに、根室線と石勝線の合流（分岐）点に上落合信号場が記されているし、貨物線の中で唯一、独自の正式線名を持つ富山県下の「新湊線」（能町〜高岡貨物）の存在も知ることができる。この索引地図だけでも、好きな人には二四〇〇〇円の価値がありそうだ（?）。

ちなみに、「ＪＲ貨物時刻表」では「〇〇本線」はすべて「〇〇線」と表記されている。ＪＲ貨物の線名は「基本計画」を尊重しているのだろう。

秋田港、酒田港、東新潟港、沼垂《ぬったり》、隅田川、名古屋港、梅小路といった、旅客の時刻表には一切出てこない貨物専門駅の名に接するのも眼福といえる。大阪市内の関西線百済《くだら》駅は、古代朝鮮半島からの渡来人居住地に由来する奈良県の旧百済村などとの関連性を勝手に想像したくなる名である。

大阪市南部の貨物拠点百済駅

赤穂線西浜駅の荒れた駅舎

貨物列車など通るのを見たこともない赤穂線が意外にもＪＲ貨物の営業線で、西浜なる貨物駅まであったりするからまた楽しい。楽しさ余って現地へおもむけば、播州赤穂と天《てん》和《わ》の間に位置する無人駅で、廃墟と勘違いしそうな荒れ放題の駅舎には、「西浜駅」としっかり書かれていた。

この西浜駅の経歴が一風変わっている。元々は昭和四一（一九六六）年に設置された信号場だが、当初から専用線発着の貨物を取り扱い、国鉄最後の日に駅へ昇格、翌日、ＪＲ貨物に継承された。本来、信号場は旅客、貨物ともに扱わないのが定めだが、国鉄時代には例外もいくつかあり、怪談話で名高い北海道の石北本線常紋《じょうもん》信号場も、臨時乗降場として旅客を扱っていた時期がある。

西浜駅には、構内の外れ、というよりも隣りの天和付近から分岐して三菱電機の工場内へと延びる専用線が今もあり、変圧器など大物貨物の発送があれば、臨時の貨物列車を西浜始発で運転する態勢のようだ。そのときには貨車の入れ換えなどのために、係員が出張してくるのだろう。西浜の駅舎は荒れてはいるものの、二階のベランダにはクーラーの室外機が二台も据え付けられていた。

さらに索引地図をつぶさに見ていくと、常磐線の綾瀬や中央線の中野といった、およそ貨物とは無縁そうな駅が貨物の取り扱い駅だったりしている。これは、両駅で接続する東京地下鉄（東京メトロ）の新車や転属車両の搬入出に関係した措置という。車両メーカーで製造された鉄道各社の新車は、貨物扱いでＪＲ線上を運ばれてくることが多い。

●図26　塩浜駅　位置概念図

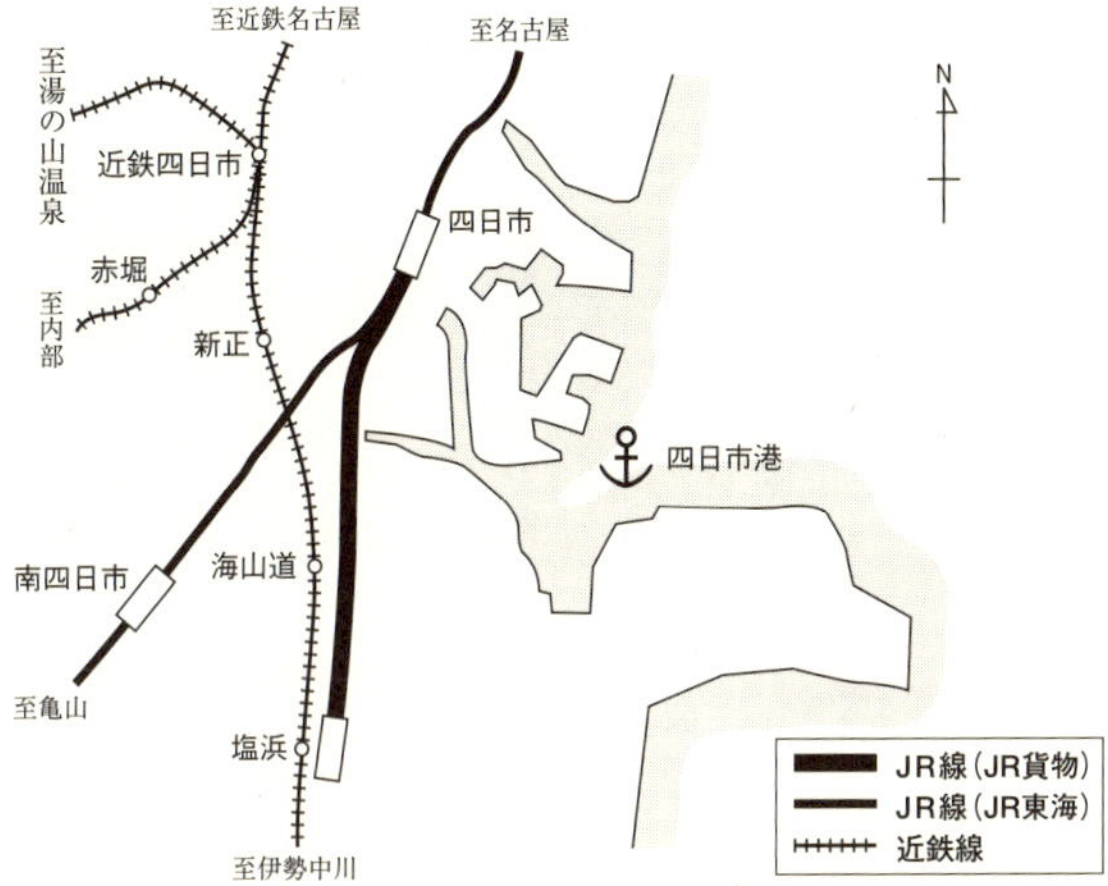

ほんとうに貨物の鉄道地図は見ていて飽きないのだが、見ているだけもつまらないので、ここで実際に貨物駅を三つほど訪ねてみようと思う。選別は当方の独断と偏見によった。

訪ねてみたい貨物駅、三題

（一）塩浜駅（ＪＲ貨物関西本線貨物支線――三重県）

臨海工業地帯の銀色のパイプが交錯する巨大なプラント群や紅白縞模様の煙突などを背景にいただくＪＲ貨物塩浜駅は、関西本線四日市駅から分岐する延長三・三キロの貨物支線の終点である（この貨物支線の線名は「関西本線〈関西線〉」でＪＲ貨物の第一種鉄道事業区間）。

ただ、ここから先へさらに、昭和四日市石油四日市製油所などへと続く専用線が延びているため、途中駅のような印象を受けた。取り扱い貨物は専用線発着貨物に限られるらしく、貨物の積み卸し設備もない。貨物駅というよりも、なんだか操車場のような趣だ。

列車の着発線や貨車の仕分線など都合一〇本ほどの線路が構内に整然と並び、明るい緑色に塗られた石油輸送用のタンク貨車が何両も留置されている。それらに混じってサイケデリックな黄色いタンク貨車の姿も見える。その車体には、「液化塩素専用」「毒」などの文字が毒々しく書かれていた。

ＪＲ貨物塩浜駅の西側に隣接して近鉄名古屋線の塩浜駅があり、そのホームから近鉄電車を待つ乗客が貨車の入れ換え作業を眺めている。ディーゼル機関車のエンジン音や貨車の連結される音は大きくて迫力があり、何が始まったのかと自然に眼がそちらに向くようだ。

ＪＲ貨物の駅構内と近鉄の駅構内の境には柵や塀などの野暮なものは一切なく、二つの駅はまるで一つであるかのごとくに見える。事情を知らない人がここに降り立ったならば、近鉄が貨物輸送に手を出したのかと勘違いするかもしれない。

そういえば、鶴見線の安善《あんぜん》駅や根岸線の根岸駅に雰囲気がそっくりだ。

塩浜駅構内の南側では、近鉄の駅跨線橋がＪＲ貨物の線路をまたぎ、それが東口へと続い

四日市駅から延びる貨物支線の終点、塩浜駅

塩浜駅の JR 貨物の駅舎（奥の建物）

ている。東口を出ると、「乗るなら近鉄　食べるなら満洲」との妙なコピーが大書きされた赤色のシャッターが目立つ餃子屋があり、そちらにしばし目を奪われつつも、我に返って足もとを見てまわれば、駅に付帯する駐輪場付近で、ＪＲ貨物、近鉄、四日市市と三者の土地の境界が複雑に入り組んでいる様子であった。

構内の北側へ行けば、カニみたいな面相の凸型ディーゼル機関車が何台も待機していて、そのエンジンのアイドリング音が独特の交響楽を奏でていた。機関車が待機する場所の横に、鉄筋二階建ての白っぽい横長の建物が見える。これがＪＲ貨物塩浜駅の駅舎で、脇道から中が覗ける一階の部屋では、衿と袖に白い二本線の入る濃いグレーの制服を着込んだ運転士が数人、茶を飲みながら談笑していた。一日に七、八往復もの貨物列車が設定されているので、駅員の数もそれなりに多いようだ。

塩浜駅から北へ約一キロの地点、近鉄の海山道《みやまど》駅のあたりまでは、近鉄の複線とＪＲ貨物の単線がきれいに並び、途中の踏切はみな、一対の警報機・遮断機がその三本の線路を挟む、両社の共用踏切となっていた。ただ、ＪＲ貨物が「海山道踏切」の名を与える踏切を近鉄では「塩浜第5号踏切」と称しており、同じ踏切でも名はそれぞれ別にあるらしい。

おもしろいことに、近鉄の線路側にある警報機にも「ＪＲ貨物　〇〇踏切」と記された銘板が付いており、機器の異常に気付いたならばJR貨物の四日市駅か信号通信指令に電話してもらいたい、と書かれていた。近鉄の連絡先は出ていないので、踏切の管理はすべてJR貨物の仕事なのだろうか。

通過する一日の列車本数、JR貨物二〇本以下、対する近鉄四〇〇本前後、管理費の負担割合が気になる踏切群であった。

(二)　乙女坂駅（西濃鉄道市橋線─岐阜県）

東海道本線の大垣で「東海道本線」を名乗る支線に乗り換え、六分ほどで到着する終点が美濃赤坂である。

旧中山道赤坂宿の南の外れに置かれた駅で、貨物用の線路が幾本も並ぶ広々とした構内の隅っこに、旅客列車は申し訳なさそうにちょこりと停まった。ホームに降り立ち北の方角を眺めれば、山肌をえぐられ、灰白色の中身を露出させた無惨な山容の金生山《きんしょうざん》が壁のように立ちはだかっている。我が国屈指の石灰石鉱山を擁する、全体が石灰岩で出来た山である。

国会議事堂の大理石はここから切り出されたものという。

美濃赤坂の駅舎は古びた木造の建物で、その中ではJR東海社員でもJR貨物社員でもな

●図27　乙女坂駅　位置概念図

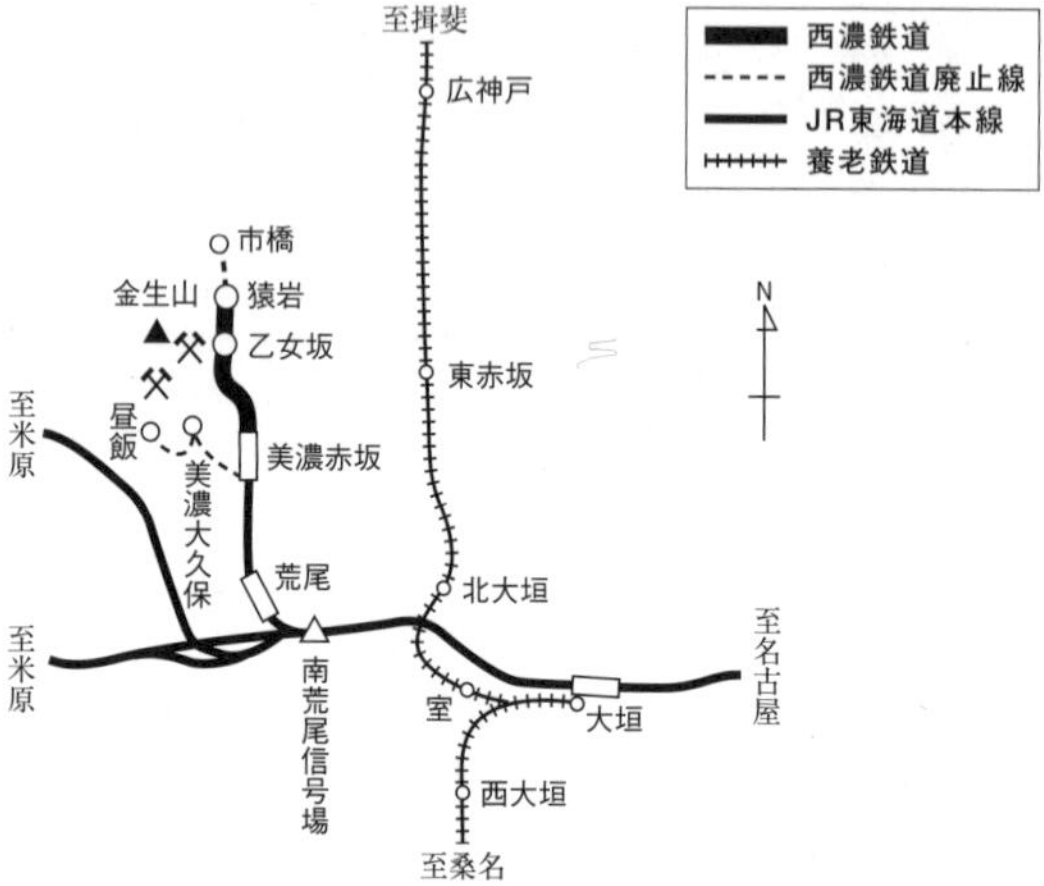

い駅員が事務をとっていたが、旅客に対しては、まるで我関せず、集改札なども一切しないようだ（JR東海の車掌が列車内で行っていた）。

駅舎を出ると、構内のそこかしこに「構内立入禁止　犬の糞固くお断り　西濃鉄道株式会社」と書かれた立て札があり、民家に事務所を建て増したかのような駅前の建物にも「西濃鉄道」と大書きされていた。その西濃鉄道の経営と思しき旅行代理店も駅舎正面に見える。どうやら美濃赤坂駅は、西濃鉄道のしょばらしい。

西濃鉄道は、この駅と一・三キロ北にある乙女坂《おとめさか》という駅を結ぶ貨物専業の私鉄で、美濃赤坂駅の管理もJR東海、JR貨物から同社に委託されているという。先ほどの駅員は、もちろん西濃鉄道の社員で、機関車や貨車の入れ換え作業のときにはポイント操作などで大活躍をする。

それにしても「乙女坂」とはなかなか艶っぽい名の駅である。しかし、赤坂の町を抜け二〇分ほど歩いてたどり着いてみれば、そこは名に反し、むせかえるようなほこりっぽい場所であった。

金生山の東麓に並ぶ生石灰《せいせっかい》や大理石の工場群に囲まれるようにして乙女坂の駅はあるものの、駅といっても単線が複線になった程度で、駅舎らしきものも見当たらず、「乙女坂駅」とも書かれていないので、単なる貨車の留置場所にしか映らない。すぐ横の道をダンプカーが粉じんを巻きあげながらひっきりなしに通っていくので、当方の口の中はザラザラである。こんなところにいたら、鼻毛が伸びるのも速いかもしれない。

乙女坂駅は、工場群に囲まれるというよりも、矢橋工業という会社の工場の中に構内の三分の二ぐらいが飲み込まれているので全容を知ることはできないが、お召し列車並みにピカピカに磨かれた茶色の小型ディーゼル機関車が「矢橋工業株式会社」と記された一六両連結の石灰石輸送用貨車を少しずつ動かしては止め動かしては止めしているので、工場内のどこかに石灰石の積み込み設備があるものと思われる。

乙女坂駅へ向かう西濃鉄道の貨物列車

工場に囲まれた乙女坂駅

ここ乙女坂駅と名古屋臨海鉄道の名古屋南貨物駅（新日鉄）との間には一日三往復の石灰石輸送列車が設定されている（復路は貨車の返送）。その行路中の乙女坂〜美濃赤坂間一・三キロの輸送が西濃鉄道の主たる仕事という次第。

西濃鉄道線は美濃赤坂〜乙女坂間のように述べてきたが、それは定期的に列車が運行される区間であり、実は乙女坂のさらに奥に「猿岩《さるいわ》」という駅もある。動物園の猿山を想起させる名の駅で、場所は美濃赤坂から二・〇キロの地点だ。以前はさらにその奥の二・六キロ地点に市橋駅があり、そこが終点だったものの、猿岩〜市橋間はここ十数年、列車の運転がなく、美濃赤坂から西方に延びていた「昼飯《ひるい》線」ともども平成一八（二〇〇六）年三月三一日付で廃止となった。ただ、線路は猿岩で打ち切られても線名は依然「市橋線」を名乗っている。

乙女坂駅の北側に行ってみると、二キロ地点のレール上に使い古しの枕木を活用した即席の車止めが置かれ、生石灰工場が軒を連ねるその先は、線路が撤去された箇所もあった。この車止めのあたりは猿岩駅のはずだが、乙女坂駅の複線の線路がそのまま延びているだけなので、境目にある小さな停車場区域標を見なければ認識は難しい。

持参の「JR貨物時刻表」（平成一九年三月ダイヤ改正号）によれば、美濃赤坂〜猿岩間に臨時貨物列車が一往復設定されている。聞けば、大阪の桜島線安治川口駅《あじかわぐち》からやって来る、二硫化炭素なるものを積んだタンク車とのことで、月に二、三車程度と微々たる量なので近々トラック輸送に切り替わるという。

猿岩駅も役目を終えるわけだが、乙女坂駅での入れ換え（機回し）作業の際に、二キロ地点のすぐ手前まで機関車がやって来るので、線路は撤去できないらしい。

仮に猿岩を駅のまま残したとしても西濃鉄道の全長はわずかに二・〇キロ。猿岩を乙女坂の構内扱いとしたならば、さらに短く全長は一・三キロだ。これは千葉県の芝山鉄道二・二キロを抜き（？）、普通鉄道としては日本一のミニ私鉄となる。まあ、貨物専業なので世間の注目は集めないだろうが。

ミニ路線ながら西濃鉄道市橋線の沿線には見所が多い。

一つは乙女坂駅の直前にある石引神社の境内を線路が横切る箇所。一の鳥居と二の鳥居の間に踏切標識が唐突に立つ図は独特である。

美濃赤坂から五〇〇メートルほどの旧中山道が交差する踏切付近も味がある。街道沿いの連子窓《れんじ》を備えた黒い板壁の古風な民家が見もので、ここには戦前、赤坂本町という旅客駅があり、大垣から直通のガソリンカーが乗り入れていたという。今もホームの跡らしきものが線路端に残り、踏切にも「赤坂本町駅跡」と刻まれた石碑が立っている。

生石灰工場の専用線のような趣の西濃鉄道が、「地方鉄道法」の時代には地方鉄道で、現在は「鉄道事業法」準拠の普通鉄道というひとかどの身分なのは、かつて旅客輸送をおこなっていたことの名残ではないだろうか。旅客列車は昭和初期の開通当初は市橋までの運転だったが、昭和一〇年代には赤坂本町折り返しに縮小されている。

猿岩駅の線路終端部

かつて赤坂本町駅が設けられていた地点

線路側に正面を向ける店舗

旧赤坂本町付近では線路に向かって門を構える家があり、どこか江ノ電と印象がだぶる。家だけでなく、「かずさや茶舗」なる店も玄関を線路に向けている。普通ならば鉄道の信号機がありそうな線路端の空間に看板まで出しているではないか。こんな大胆な店を見るのは初めてだ。江ノ電でもお目にかかったことがない。

店の前の線路にはささやかな踏板が設けられてはいるが、そのすぐそばで「鉄道用地内立入を禁ず　大垣警察署　西濃鉄道㈱」と記された立て札が睨みを利かせていた。

（三）敦賀港駅（JR貨物北陸本線貨物支線―福井県）

北陸本線の敦賀駅から分岐する延長二・七キロの貨物支線の終点が敦賀港駅で、名の通り敦賀湾に面した潮風の心地よい駅である（通称「敦賀港線」と呼ばれるこの貨物支線の正式線名は「北陸本線〈北陸線〉」で、JR貨物の第一種鉄道事業区間）。

二段に積み上げられた空コンテナの列が周りを囲むだだっ広い構内の背後には、敦賀の町の北を守る塀のような山壁が迫り、海の青と山の緑が貨物駅らしからぬ静閑な風情を醸し出している。どこからか、トンビのヒューと鳴く声が聞こえてくる。

静閑なのは駅の雰囲気だけではなく、敦賀～敦賀港間に設定されている列車の数もなかな

長閑な敦賀港駅

敦賀港駅を発車する1日に1本だけの高速貨物列車

●図28　敦賀港駅　位置概念図

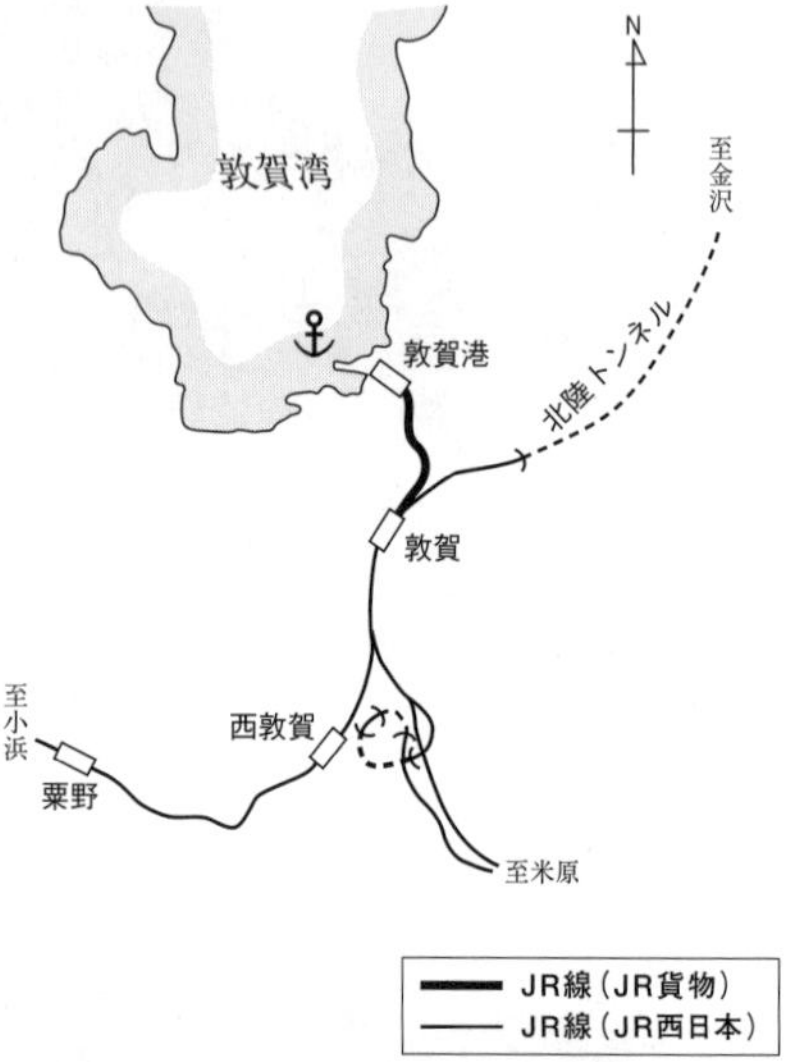

かのものがある。一日当たりコンテナ専用の高速貨物列車一往復（「高速」は列車の種別）、機関車だけの回送列車一往復、合わせて二往復で、お世辞にも本数は多いとはいえないが、しかし、駅に発着する列車がたとえ日に四本だけだとしても信号は扱わなければならない。そのためだろう、敦賀港駅の入口に建つ寄棟の瓦屋根も素朴なこぢんまりとした駅舎には、ＪＲ貨物の駅員が一人つめている様子であった。

小さな駅舎の裏手にまわると古びた赤煉瓦造りの建物が眼にとまった。〝欧州への玄関、なごりの「敦賀港駅ランプ小屋」〟と書かれた看板のある建物で、これこそが敦賀港駅の輝かしい歴史を今に伝える大切な生き証人なのである。

敦賀港駅の歴史は古く、開設は明治の初期という。敦賀は日本海側で最初に鉄道が通じた町として知られ、その鉄道の建設自体が敦賀の港から徐々に内陸へと線路を敷設していく方式だった。そして、長浜までの鉄道が途中の柳ヶ瀬トンネル部分を残し仮開業した明治一五（一八八二）年三月、敦賀の港の建設資材陸揚げ地に「金ケ崎」と称する駅が開設されるのであった（柳ヶ瀬トンネル完成による長浜〜金ケ崎間の官設鉄道全通は明治一七年四月）。

この金ケ崎駅が敦賀港駅の前身である。つまり、北陸本線の起源的存在が敦賀港駅となるわけだ。

ただ、〝輝かしい歴史〟というのはこれではない。明治三〇（一八九七）年に旅客の取り扱いを廃止し、単なる港の貨物駅でしかなくなっていた金ケ崎駅が、思わぬ脚光をあびるのは日露戦争の後である。

明治三七（一九〇四）年に火蓋が切られた日露戦争は、かろうじて我が国の勝利に終わるが、その終決を約した日露講和条約（ポーツマス条約。明治三八年九月締結）の第八条には〝日本帝国政府及露西亜帝国政府ハ交通及運輸ヲ増進シ且之ヲ便易ナラシムルノ目的ヲ以テ満洲ニ於ケル其ノ接続鉄道業務ヲ規定セムカ為成ルヘク速ニ別約ヲ締結スヘシ〃とのことが約束されていた。

右に基づき「日露連絡運輸会議」が設置され、敦賀～ウラジオストク（ロシア領）間定期航路を介しての鉄道院線と東清鉄道（満洲北部を東西に貫くロシア経営の鉄道）との連絡運輸が明治四三（一九一〇）年四月に始まり、翌年三月には、東清鉄道の先に続くシベリア鉄道を経由してのヨーロッパ連絡へと拡大していった。

こうなると日本国内の連絡体制も強化しなければならない。そこで、明治四五（一九一二）年六月、新橋～敦賀間に欧亜国際連絡列車が運転を開始する（週三往復）。この列車が船との連絡をスムーズにするため便宜的に金ケ崎駅に乗り入れたとするのが通説だが、これにより同駅は、ただの貨物駅ではなくなった。

そして迎えた大正八（一九一九）年一月、金ケ崎は駅名を「敦賀港」と改め、正式にウラジオストク航路連絡列車の旅客と手荷物他を扱うこととなったのである（後に朝鮮の清津、雄基を結ぶ北鮮航路連絡の機能も加わる）。

戦前の敦賀港駅はヨーロッパ連絡の国際ターミナルだったというわけで、往時の建物として唯一、現存しているのが件の煉瓦造りのランプ小屋だ。

ランプ小屋とは灯具用の油類を保管する危険物倉庫だが、なるほど、かような歴史を背負っていると知らされれば、古びた煉瓦の建物もなにやら気品あふれるように見えてきて、拝みたくもなってくるから不思議なものである。

敦賀港駅近くの波止場のほとりに、「敦賀港驛」と記された洒落た二階建ての洋館がある。『欧亜国際列車』を象徴する旧国鉄敦賀港駅舎を再現したもの」が謳いの観光施設「旧敦賀

JR貨物の駅員が常駐する敦賀港駅の駅舎

敦賀港駅に残るランプ小屋

戦前の敦賀港駅舎を再現した建物

港駅舎」で、大正二(一九一三)年建造の基となる駅舎の資料は戦災などにより残存しないため、あくまでも当時のイメージに近いものとしての再現という。

第二次世界大戦中、ナチスドイツ軍の迫害から逃れようとしたポーランド系ユダヤ人難民を迎え入れた敦賀の港、いわゆる「命のビザ」の話だが、救いの当事者である当時のリトアニア領事代理・杉原《すぎはら》千畝《ちうね》にちなんだ記念植樹が、駅舎の傍らで海風に枝葉を揺すぶっていた。

第三幕　特選　鉄道地図「珍」名所八景

◆第一景　三種のゲージが集う踏切

ゲージサイズは全世界でバラバラ

鉄道とはまさに「鉄の道」で、二本の鉄製レールが万事の根幹を成している。しかし、この大切な二本のレールの間隔、すなわちゲージサイズ（軌間）は、全世界の全鉄道で統一が図られているというわけではない。線路によって意外とバラバラなものなのである。一つの国のなかに、複数のゲージサイズが同居するのもさほど珍しい話ではない。

では、問題の我が国はどうなのか。ご多分に漏れず、複数が同居する。JR在来線や多くの私鉄は「狭軌」と呼ばれる一〇六七ミリ軌間であるのに対し、新幹線や一部の私鉄などは一四三五ミリというそれよりも広いゲージ（軌間）を採用している。

この一四三五ミリ軌間を日本では「広軌」と呼称することもあるが、世界レベルでは「標準軌」と呼ぶのが正しい。

鉄道黎明期のイギリスでいろいろなサイズのゲージが現れ、旅客・貨物の円滑な輸送の妨げとなったとき、イギリス議会が一四三五ミリ軌間を「標準軌間」と定め、他のゲージは原則認めないとしたことに由来する呼び名である。後に国際鉄道会議も一四三五ミリ軌間を世界標準とすることを決議した。全世界の線路総延長の七割は標準軌だといわれ、これよりも広いゲージを「広軌」、狭いゲージを「狭軌」と呼ぶ。我が国の標準である一〇六七ミリ軌間が「狭軌」と呼ばれる所以である。

日本の鉄道は狭軌と標準軌が主力だが、一三七二ミリ、七六二ミリというゲージも少数派ながら存在する。

一三七二ミリ軌間は昔、馬車鉄道が好んで用いたゲージで、現在は、「鉄道」では井の頭線を除く京王電鉄全線、都営地下鉄新宿線、「軌道」では都電荒川線、東急世田谷線、函館市電の都合五つしか採用例がない。

俗に「ナローゲージ」と呼ばれる七六二ミリ軌間はさらに希少価値が高く、三重県の三岐《さんぎ》鉄道北勢《ほくせい》線（旧・近鉄北勢線）、近鉄内部《うつべ》線・八王子線と富山県の黒部峡谷鉄道の四線がオールキャストである。黒部峡谷鉄道は観光要素の強い特殊な鉄道だから、通勤や通学などに使われる一般的な鉄道としては、三重県下の三路線だけとなる。

七六二ミリ軌間は、「地方鉄道法」以前の「軽便鉄道法」の時代に、簡易で経済的な点が買われ地方の軽便鉄道各社が好んで採用した。時代が変わり、自動車が普及するにつれ、そ

貴重なナローゲージの三岐鉄道北勢線

近鉄内部線・八王子線もナローゲージの一派

の貧弱な線路設備ゆえに、ほとんどが姿を消していった。三重県下の現役三線も出自は北勢鉄道、三重鉄道、四日市鉄道という弱小軽便鉄道だが、三重交通を経て大手私鉄の近鉄に抱え込まれたことが、生き残りの決め手となったようだ。

この他ケーブルカーには、八〇〇ミリ、九四〇ミリ、九八三ミリ、一〇四九ミリという特殊なゲージも見られる。「普通鉄道」としては一四三五ミリ、一三七二ミリ、一〇六七ミリ、七六二ミリの四種のゲージが我が国の総勢である。

日本で唯一「三揃え」を目で見られる場所

会社単位で見ていくと、一社で四種のゲージを用意するところはさすがに無いものの、三種ならば東京都交通局と近鉄が揃えている（ケーブルカーを対象に含めると箱根登山鉄道がこれに加わる）。

では、四種のゲージが揃う場所というのはあるのだろうか。一三七二ミリ軌間と七六二ミリ軌間の路線は先にすべてあげてあるので、地理に明るい方ならば、存在しないことは容易にわかろう。ならば三種のゲージが集う場所となるわけだが、これならば、東京都内にけっこうある。新宿、町屋、新御茶ノ水―小川町―淡路町、馬喰町―馬喰横山―東日本橋の各駅

●図29　桑名付近の鉄道地図

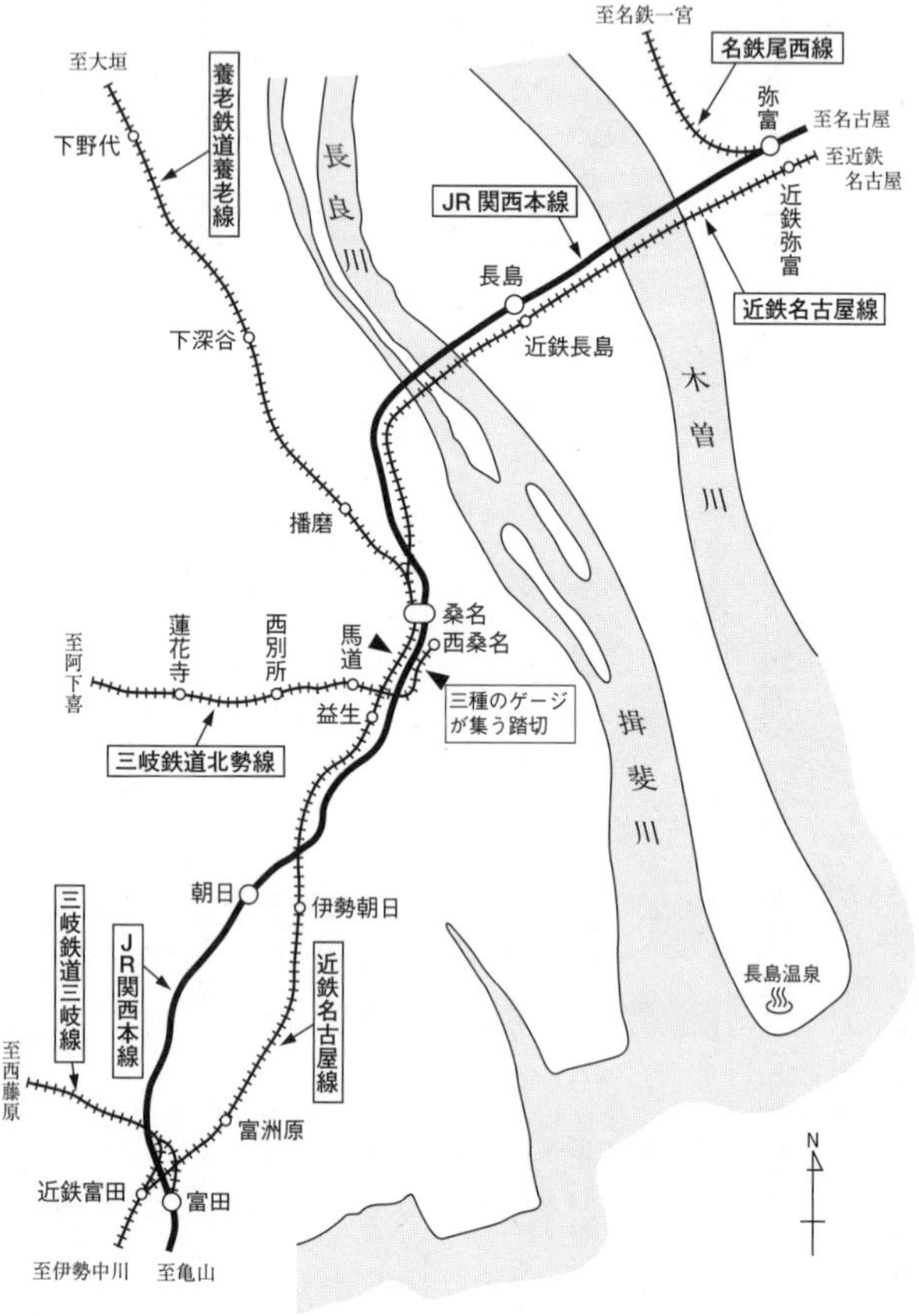

※近鉄名古屋線が1435mm軌間、三岐鉄道北勢線が762mm軌間である以外は図中のすべての鉄道が1067mm軌間。

で、さらに千葉県の本八幡―京成八幡も三揃えの場に加わる。いずれも七六二ミリ以外のゲージを揃えている。

ただ、右のすべての駅が地下鉄絡みであるため、実見として三種のゲージが揃っているのを確認することはできない。直に見たからといって何かの御利益があるわけでもないが、そういうことが可能なのは、全国にあと一つだけ残る三揃えの場所、三重県の桑名駅付近以外には見つからない。

桑名駅南方の三種のゲージが並ぶ区間

三種のゲージを横切る踏切

踏切で各ゲージを見比べる～上から北勢線、JR 線、近鉄線

桑名といえば焼き蛤、ではなく、一四三五ミリ軌間の近鉄名古屋線、一〇六七ミリ軌間のＪＲ東海関西本線、養老鉄道養老線、七六二ミリ軌間の三岐鉄道北勢線が集う駅で（北勢線の駅名は「西桑名」）、その南方に二、三百メートルにわたって近鉄の標準軌、ＪＲの狭軌、三岐鉄道北勢線のナローゲージが綺麗に並ぶ箇所があり、ご親切にもそこには踏切まで用意されている。三種のゲージが地上に並ぶのは、ここが日本で唯一であり、それらを偶然にも見事に串刺しにする踏切の存在にはほんとうに恐れ入る。まさに天下一品の貴重な踏切だ。

線路東側の商業地帯と西側の住宅地帯をつなぐ歩行者・自転車専用のこの貴重な踏切、三岐鉄道は「西桑名第2号踏切」、ＪＲ東海は「構内踏切」、近鉄は「益生第4号踏切」とそれぞれ名は別で（三岐の踏切名からも、北勢線が元は近鉄の路線だったことがよくわかる）、三岐とＪＲが警報機・遮断機を共用するのに対し近鉄はそれを独自に備えている。しかし、見た目にも機能的にも三つの踏切は一体であることに違いはなく、標準軌の線路を二本、狭軌の線路を四本、ナローゲージの線路を一本、立て続けに直にまたぐことができるのは、真に貴重な体験といえよう。学校の社会科授業の教材にでもしたいぐらいだ。

私も北勢線、ＪＲ線、近鉄線という順に、おのおのの線路をまたぎ貴重な体験を満喫した。ただ、だんだんと我が股下の長さが気になってくる、いささか落ち込むような体験でもあった。

◆第二景　土電の素っ頓狂な終点二題と恐怖の右側通行区間

肩すかしを食らわされる終点

旅行雑誌他で「終着駅の旅情」などといった特集を組むと、けっこう売上が伸びるという。特集で紹介される終点の駅とは、うら寂しい索漠としたタイプのものが圧倒的に多い。鉄道として商売が成り立つ限界、あるいは物理的に、もうそれ以上線路を先へ延ばすことが出来ない地が終点なのだから、寂寞とするのは当然でも、そこに、終わり＝淋しい＝哀愁という図式も成り立ち、その印象が、もののあわれ、はかなさに風情を見いだす日本人独特の感性をくすぐって、購買意欲を刺激するのかもしれない。

いささか話に無理がある展開ではあったけれども、草むらで切なく終わる線路の写真など見せられると思わず手が出るし、夕ぐれどきの車止めの図なども堪えられないものがある。ならば私もそれにあやかり、終点の旅情話に挑戦してみる。

土佐の高知のはりまや橋を中心に、東西南北の四方向に路面電車を走らせるのが土佐電気鉄道（土電）で、その南の果て、桟橋通五丁目という停留場（電停）は、独特の情緒が漂う

●図30　高知付近の鉄軌道地図

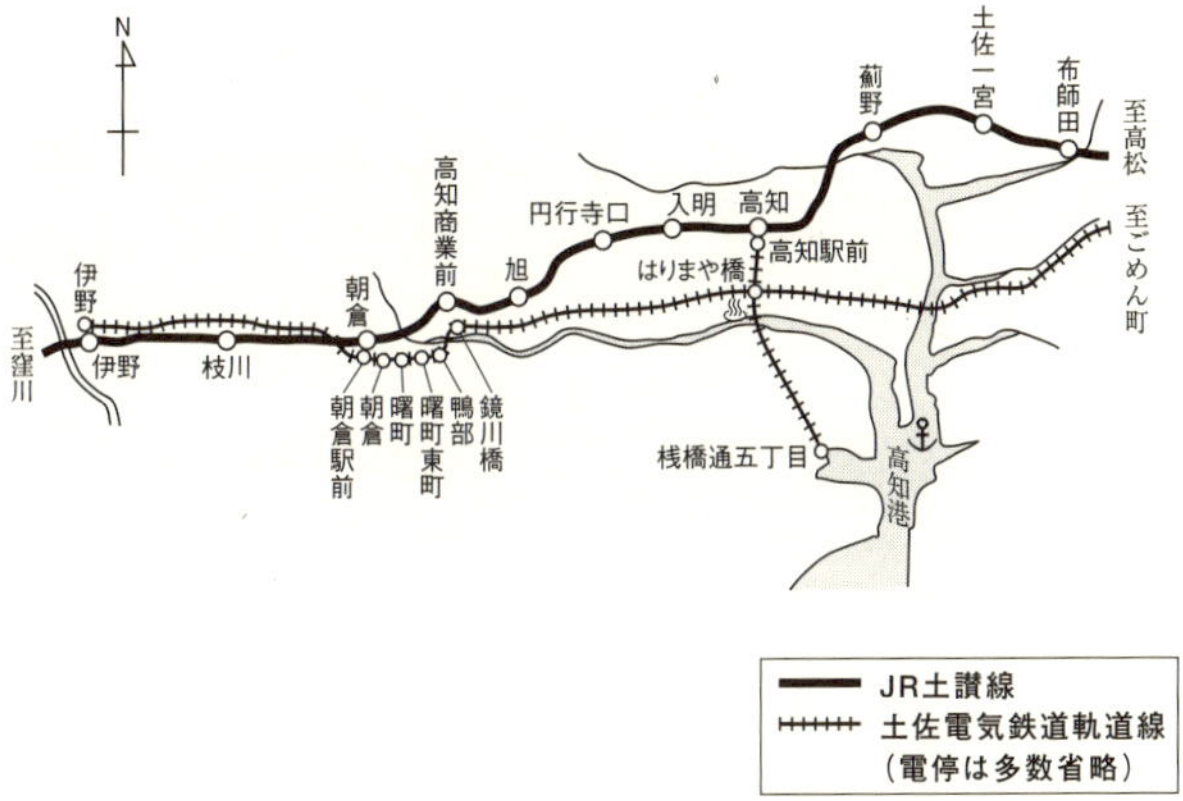

風趣な終点である、と、私は個人的にそう思っている。

高知駅前から一三分ほどで到着する終点であり、まず面喰らうのは電車の扉が開くと目の前がコンクリートの壁であるということだ。軌道終端部は左手が壁で、右手は二車線ぐらいの幅を持つ道路となっており、路面電車はバス同様、進行方向左側の扉しか開けないため、ここではこういったことになる。この壁のおかげで、「桟橋通五丁目」の名に、港情緒などを連想してやって来た人は、いきなり出端《でばな》をくじかれるという次第。

ただ、まったく港情緒が無いわけでもない。電車から一歩外へ出れば汐の香りがしてくる。問題の壁には、ホッチキスの芯を上下方向に並べて打ったかのような鉄製の足場があり、それをつたって上まで登ってみると、目の前というか、すぐ真下が海で、停泊中の船を間近に見ることもできる。壁の正体は高知港の堤防だったのである。

桟橋通五丁目電停は素っ気ない終点

駅舎かなと勘違いしそうな車止めのすぐ先にある瓦屋根の建物、電車がブレーキを誤ったらひとたまりもなさそうな建物だが、これも海事代理士と高知県海砂利採取協業組合が同居する事務所だ。少し歩けば、高知港湾合同庁舎も眼にすることができる。なかなか港情緒豊かではないか。まあ、観光的な港情緒ではないが。

栈橋通五丁目へ来られたならば、後ろを必ず振り返っていただきたい。道路の交差点を挟んで向こう側に、屋根付きの立派な安全地帯を備えた「栈橋車庫前」の電停が見えるはずだ。

交差点を挟んで対峙する桟橋車庫前電停と桟橋通五丁目電停〜奥の電車が停まっている位置が桟橋通五丁目

路面電車の停留場の間隔というのは短いものだが、こんなに短いのはめったにお目にかかれない。「鉄道要覧」によれば、栈橋車庫前と栈橋通五丁目の間は〇・二キロ、つまり二〇〇メートルだが、私の眼にはもっと短く映り、なんだか栈橋車庫前が終点で、栈橋通五丁目はその折り返し線のようにも見える。

実際のところ、栈橋通五丁目を停留場と認識させるものは、ポールの上に円板をのせたバス停風の電停標だけで、これも錆びが浮き出て「栈橋通五丁目」の文字がかすれてしまっているから実に頼りない。もし、よそ者がはじめてこの場に連れてこられたならば、ここからは電車に乗れないものと思い、栈橋車庫前まで歩いていくに

●図31　土佐電気鉄道伊野線　鴨部〜曙町間の道路通行法　概念図

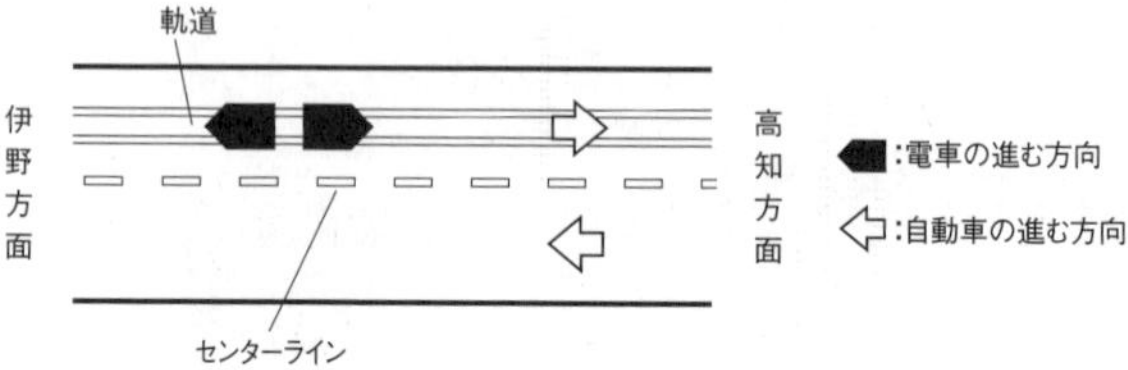

※伊野方面行き電車と高知方面行き自動車が対面した場合は
下のような通行法となる。

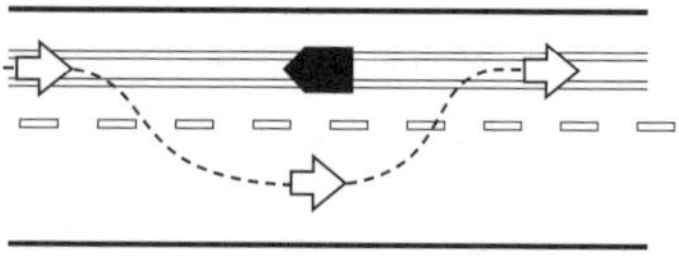

違いない。

どうだろう。栈橋通五丁目はなかなか旅情豊かな終点ではないか。えっ、お気に召さない。ならば、西の終点、伊野へと向かおう。

恐怖の逆走区間

はりまや橋まで戻り、伊野行の電車に乗り換える。終点伊野までは一一・二キロ、所要約四〇分の道程である。途中の鏡川橋という電停より単線となり、鴨部からは商店や住宅が軒を連ねるごみごみとした狭い道を行く。電車が頻繁に警笛を鳴らしている。何事かと思い前を見れば、なんと、バスや乗用車が真っ正面からこちらに迫ってくるではないか。

このままいけば正面衝突というところで、対向車はみな左の車線へとそれ、我が電車をやり過ごす。ドライバーもなれたもので、その左側の車線を走って電車を追い抜いていく乗用車もある。どうも、どのような掟になっているのか、すぐには理解できない道である。

鴨部から曙町にかけての約一キロ弱の区間は、二車線道路の上り（高知市内方面行き）車線に土電の単線が敷かれ、伊野方面の下り電車は、左側通行が大原則の我が国にあって右側通行、つまり逆走を余儀なくされる恐ろしげな場所なのである。ここも、よそ者が自動車を

通りを右側通行で進む伊野行の電車〜前照灯の点燈に注意

安全地帯の無い朝倉電停で行き違う電車

色っぽい（？）終点、伊野電停

運転して、はじめて通ったならば、正面からやって来る電車のかわし方に躊躇するに違いない。

道幅は、曙町手前のお好み焼き「ぽん太」とスナック「夕ぐれ」が入る建物付近で少し広くなり、三車線の真ん中を電車が行くようになるが、朝倉と朝倉駅前の間ではまた二車線に戻る。もちろん、問題の区間内にある停留場はみな、道幅の関係から安全地帯など備わっていない。伊野方面に行く場合、電車が接近してきたら、センターラインのあたりに立ってその到着を待つわけだから、それなりに度胸を要する。

かかる危なっかしいところを抜けてたどり着く伊野の電停は、なかなかにして色っぽい終点である。

到着の直前に、右後方へ分岐して民家の裏手

伊野車庫が変じた駐車場に通じる線路

伊野の線路終端部は店舗の駐車場と化している

へと消えていく軌道が眼にとまるが、これは旧伊野車庫の土地を転用した「パーク&ライド」用駐車場へ続いている。非常用に一本だけ車庫線を残したらしい。そんなことはまあ、どうでもいいが、伊野の電停も道の片側（北側）に軌道敷が寄っており、待合所の建物の軒先をかすめるようにして電車は停まる。待合所の並びには電器屋と文房具屋があり、軌道終端部は両店の駐車場・駐輪場と化しているが、この店が入る建物の二階が「アイランド」なる名のショーパブで、なんと車止めのと

松山市内大手町の「鉄道」と「軌道」が交差する踏切

ころにその入口がある。

日が暮れると妖しいネオンに明かりが灯り、地味な車止めをピンク色に染めて際立たせる。こんな〝夕ぐれどきの車止めの図〟も、また一興だと思う。

◆第三景　電車が電車を待つ踏切
～「鉄道」と「軌道」の交差点

四国・松山に残る今や珍妙な光景

その昔、全国諸々の都市で路面電車がごく当たり前のように走っていたころ、踏切で電車の通過を待つ電車の図など、さほど珍しいものでもなかった。

しかし、今は、かかる図を見せられると実に奇妙な光景に映る。奇妙というよりも、異

交差部を通過する電車は独特の音を発する

様な現象にさえ思えてくる。だがそれは、しかたのない話かもしれない。なにしろ、かかる場所自体が、我が国にはもう一カ所しか残されていないのだがら。〃かかる場所〃とは、つまり、法的にいうところの「鉄道」と「軌道」が踏切で十字に平面交差する場所であるが、日本でただ一つとなったその場所は、四国の松山市に存在する。

ＪＲの松山駅から松山城のお堀に向かって真っ直ぐにのびる、幅はおそらく六車線分ぐらいはありそうな広い通りがある。〝おそらく六車線分ぐらい〟と抽象的な言い回しをするのは、片側二車線の道路中央部が路面電車の複線軌道敷になっているためで、その通りをコトンコトンという小気味いい電車の音を耳にしながらお堀の方へ歩いていくと、五分もせずして問題の奇妙な光景に出くわす。

場所は「大手町」という、いかにも城下町らしい名の停留場のところで、道後温泉方面乗り場の安全地帯と、ＪＲ松山駅前方面乗り場の安全地帯に挟まれる恰好で伊予鉄道高浜線の複線が道路を横切っている。踏切の南側には高浜線の大手町駅も見える。

今、あたかもその踏切が警報を鳴らし遮断機を下ろそうとしている。遮断機は竿の長さの関係で路面電車の軌道敷にはかからないが、踏切の前後で道後温泉行とＪＲ松山駅前行の電車がしっかりと止まっている。共に電停の安全地帯に停まっているわけでもあるから、踏切の待ち時間を利用して旅客が乗り降りする。

ほどなくして、路面電車よりもふた回りは大きそうな三両編成の高浜線電車が、その路面電車と路面電車の間を大名行列のように悠然と通り抜けていった。やはり、電車が電車を待

●図32　松山付近の鉄軌道地図

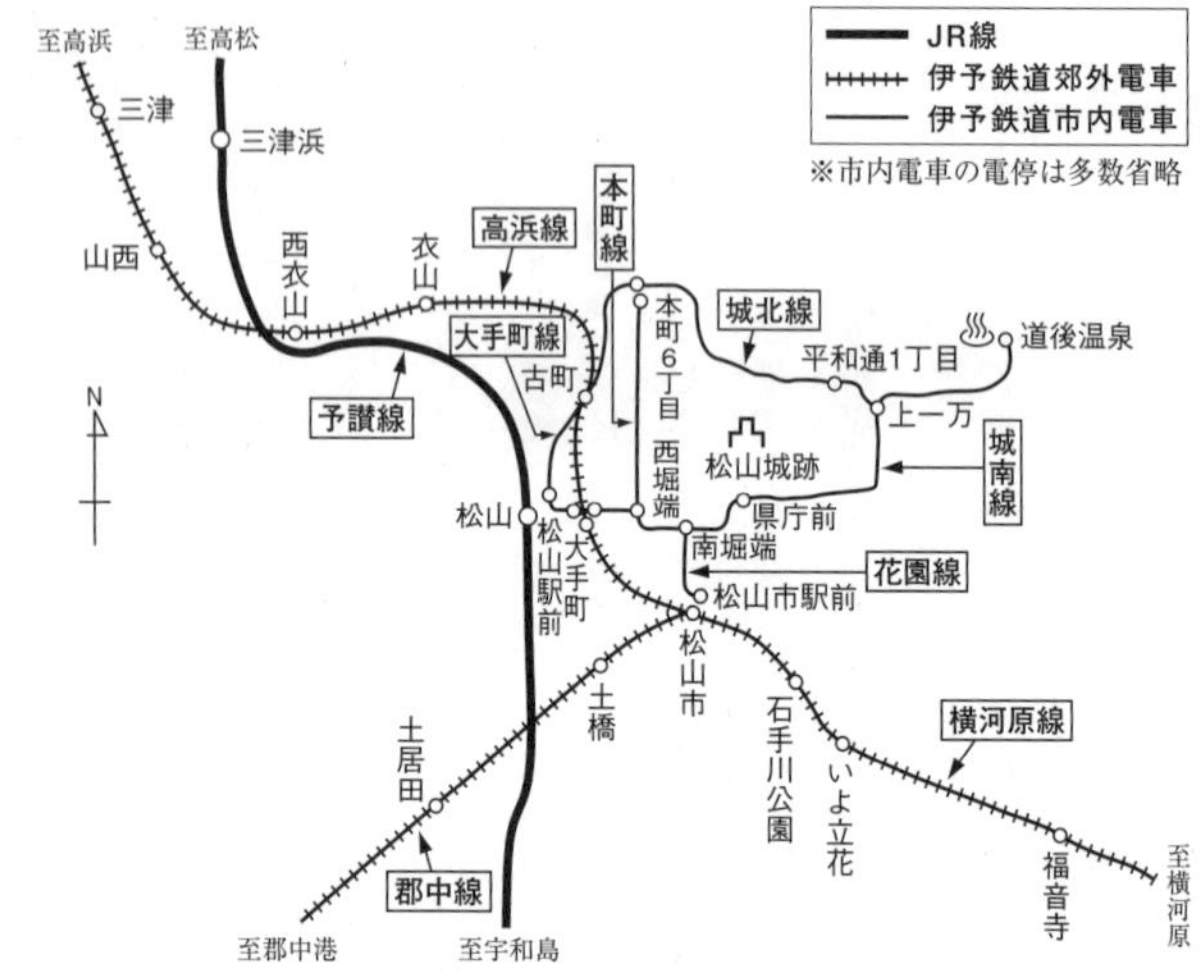

つという図は、土地の人はなんとも思わないのかもしれないが、よそ者の私には奇妙な光景に映ってしかたがない。ただ、待つ電車も待たす電車も、伊予柑をイメージしたと思われる橙色がアクセントの外部色なので、親分が花道を行くのを護衛する子分が路面電車であるかのごとくにも見える。

そう、路面電車も高浜線と同じ伊予鉄道の経営なのである。同社は、高浜線、横河原線、郡中線といった郊外へ延びる鉄道線を「郊外（近郊）電車」、松山市内を走る路面電車各線を「市内電車」（市内線）と呼び分けている。市内電車に乗って件の踏切で止まると、運転士が

古町では郊外電車の線路を市内電車が斜めに横切る

古町の線路交差部

「近郊電車が通過するまでお待ちください」などと放送もする。「鉄道」と「軌道」の平面交差が現代まで残れたのは、どちらも同じ会社の経営ということが、多少は影響しているのかもしれない。

伊予鉄道は、当地の老舗と呼べる会社で、起源は明治二一（一八八八）年の松山（松山市）とその外港三津浜（三津）とを結ぶ鉄道路線の開業という。これが高浜線の始祖で、ＪＲの予讃線よりも約四〇年歴史が古い。ＪＲの松山駅周辺と伊予鉄道の松山市駅周辺の賑わいの差も、路線開業の順序が大きく関係していそうだ。明治二八（一八九五）年に瀬戸内海を船で渡り当地に赴任してきた夏目漱石が、『坊ちゃん』のなかで「燐寸《マッチ》箱の様な汽車」と記しているのは、この伊予鉄道のことなのである。

法規上は「鉄道」とされる城北線

「新設軌道」ならぬれっきとした「鉄道」

かかる歴史を背負った高浜線にはもう一カ所、市内線との平面交差がある。大手町の隣の駅、古町《こまち》の構内である。しかし、ここでの市内線は「鉄道」と変わりない新設軌道（道路上を走らない専用軌道）で、交差の仕方も大手町のような十字とはなっていない。高浜線の複線を市内線の単線が斜めに横切るため、鉄道同士の合流・分岐に見え、インパクトは乏しい。近郊電車通過時の市内電車の横断制止も、遮断機ではなく信号機の停止信号による。

この古町を通る市内線は、旅客案内上①②系統「環状線」と称しているが、正式な線名はいささかややこしく、古町からJR松山駅前方が「大手町線」、反対側の平和通一丁目方が「城北線」となる。城北線は文字通り、松山城北側の雑然とした住宅街に敷かれたカーブの多い新設軌道であるとはいえ、これを「新設軌道」という「軌道法」の用語で記述するのは、ほんとうは正しくない。

城北線・古町〜平和通一丁目間二・七キロは市内線の一員であり、通るのも市内電車だが、法規上は「軌道」ではなく「鉄道」である。環状線電車に乗り、古町で大手町線から城北線に入っても、とくにこれといった違いは見いだせないけれど、法的にはそういうことになっている。と、いうことは古町は、鉄道然とした「鉄道」と、鉄道然とした「軌道」と、軌道然とした「鉄道」が集う場所となるわけで、鉄軌道の法規に興味がある人には、堪えられない地点かもしれない。

◆第四景　類まれなる「鉄道」同士の平面十字交差

「鉄道」同士の平面十字交差は元々稀少

「鉄道」同士の平面十字交差も珍重されるべきもののひとつである。

阪急電鉄の神戸本線と今津線が、昭和五九（一九八四）年まで西宮北口駅構内でかかる交差をしていたことは有名だが、歴史上も数はそれほど多くはないらしい。

阪急の場合、京都本線、千里線、嵐山線を除く各線は、昭和五三（一九七八）年三月まで法規上は「軌道」だったため、西宮北口の事例も「軌道」同士の平面十字交差時代が長かったことになる。「軌道」同士は、道路の交差点などでよく見られたものの、これも現在は、土佐電気鉄道はりまや橋停留場と阪堺電気軌道の住吉停留場ぐらいにしか例がない。後者は十字というよりもX状に近い。

のっけから話が脱線ぎみだが、平面十字交差は「鉄道」と「軌道」だけでなく、「軌道」同士でも希になりつつある今のご時世、もとから件数の少なかった「鉄道」同士となると、現役は、私の知る限り全国に一カ所しかない。

その一カ所以外にも、工場や軍施設の専用線、車両メーカーの構内線など一般人がのこのこと入り込めそうもないところに平面十字交差が潜んでいるような気がするし、現に東京西部の拝島駅構内では、西武鉄道拝島線と米軍専用線が十字ではないがX状に平面交差している。遊園地には昔、「お猿の電車」という乗り物があったけれど、それらの末裔《まつえい》にも平面十字交差は存在しているかもしれない。

だから、日本で唯一とはとても断言できないが、まあ、考えればきりがないし、考えすぎると神経症にもなりかねないので、とりあえずは、「鉄道事業法」でいうところの第一種鉄道事業者の線路同士としては日本で唯一の平面十字交差となる場所を訪ねてみることにする。

東名古屋港駅に停車中の名鉄築港線電車

名鉄築港線で使われる「スタフ」は棒状の古典的なもの

名鉄の超ミニ路線にその場所は現れる

名鉄に築港《ちっこう》線という臨海工業地帯の通勤輸送が生業《なりわい》の支線がある。常滑線の大江駅と東名古屋港駅の間一・五キロを結ぶヒゲのようなミニ支線で、生業が生業だけに列車の運転は朝夕に限られている。

終点の東名古屋港駅では、集改札を行わないため、大江の築港線専用ホームに向かう跨線橋の途中に東名古屋港乗降用の自動改札機があり、普通乗車券ならばそこで回収される。

ただ、東名古屋港駅がまったくの無人というわけではない。列車の運行時間帯に限って運転扱い担当の係員（信号係）が置かれるからである。築港線は単線であり、列車同士の衝突事故を防ぐため大江〜東名古屋港間に一列車のみしか入らないよう掟を定めている。従って、列車の運転士は、同区間用としてはただ一つしか世に存在しない「スタフ」と呼ばれる通行手形を携行し運転する。その受け渡しや管理のために東名古屋港駅にも係員が必要となるわけである。

築港線に並行する道路越しに大工場群を見、運転扱いの係員に迎えられて東名古屋港駅に着いてみれば、終点のはずなのに線路はまだ先へと続いていた。気になったので歩いてそちらの方へ行ってみると、途中から線路は枯草に被われだし、廃線の様相を呈してきたが、踏切は現役の様子なので、車両が通ることもたまにはあるらしい。枯草がレールを隠す線路をさらに歩いていけば、突き当たりに「関係者以外立入禁止」と大きく書かれた物々しい柵に鉄製の大扉が現れ、線路はその向こう側へと消えていた。どうやら東名古屋港の岸壁らしく、

東名古屋港駅旅客ホームの先にある東名古屋港貨物駅跡

岸壁の立入禁止区域に消える線路

停泊中の船が柵の向こうに見える。立入禁止の区域に進入するわけにもいかないので今来た道を引き返す。

ところで主題の平面十字交差に戻ると、これは東名古屋港駅の三〇〇メートルほど大江寄りに存在する。東西方向に走る名鉄築港線を南からやって来た名古屋臨海鉄道東築線が横切る箇所である。

名古屋臨海鉄道はご承知の通り貨物専業の会社で、東築線は同社の中心駅東港と名電築港とを結ぶ一・三キロの路線である。この名電築港という貨物駅（信号場とする文献もある）

は、問題の平面交差部のすぐ北側にあり、同駅と東名古屋港駅とをつなぐ連絡線が十字の北西部を斜めに通っている。「名電築港」とはまた名鉄っぽい駅名だが、東築線がもとは名鉄の路線だったことの名残と思われる。

東築線が草むしているわけ

それにしても、東築線の草むした状態はどうだろう。赤色の停止信号を点灯中の名電築港駅の場内信号機や出発信号機（列車を駅から発車させるための信号機）を見なければ、廃線跡と勘違いしそうだ。

得意の「JR貨物時刻表」平成一九（二〇〇七）年三月ダイヤ改正号を繙けば、東港〜名電築港間には「専用」という種別の貨物列車が一往復設定され、編成内容は「甲種廃車」とある（「甲種」および「廃車」と解釈できる）。〃甲種〃とは、すなわち甲種鉄道車両輸送のこと。そう、豊川の日本車輌でつくられた名鉄や名古屋市営地下鉄鶴舞線などの新車は、豊川—（飯田線）—豊橋—（東海道本線）—笠寺—（名古屋臨海鉄道東港線）—東港—（名古屋臨海鉄道東築線）—名電築港—（連絡線）—東名古屋港という経路を通り輿入《こしい》れする（新車自体が「甲種鉄道車両」という貨物となりJR貨物や名古屋臨海鉄道の機関車が牽引）。

●図33　東名古屋港付近の鉄道地図

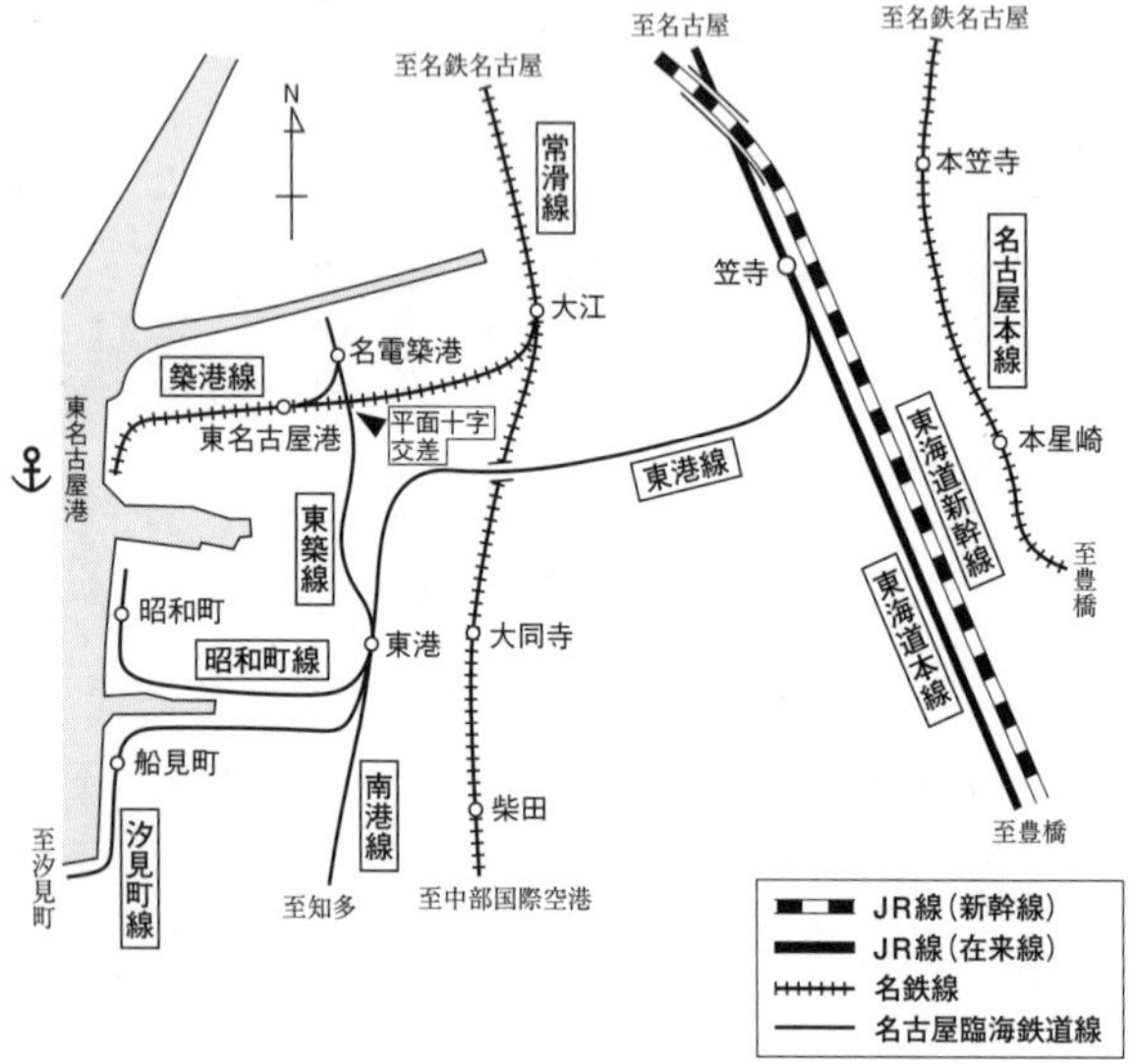

（名電築港・東名古屋港駅　構内線路配線図）

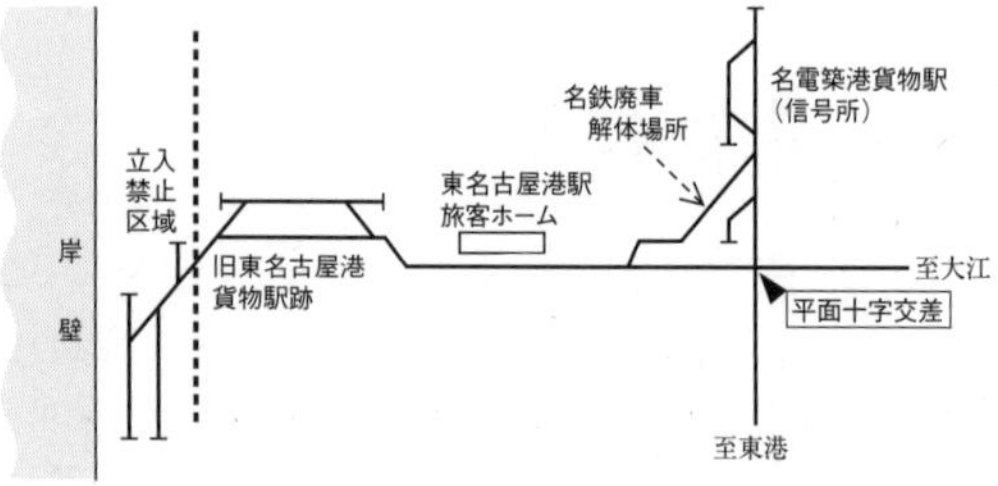

経路途中、旧平井信号場～豊橋間では名鉄の線路を一度走ることになるが、まあ、いろいろな事情があり、かように複雑な経路をたどってくる。

　甲種鉄道車両輸送には台湾など外国向けの新車もあり、これは例の立入禁止の岸壁で船積みされる。いずれにしても、新車の輸送は毎日あるわけではなく、年に数回程度なので、線路も草むしてくるのだろう。

　一方の〝廃車〟は、文字通り不用となった車両の解体場への輸送を指し、名鉄の廃車は名電築港駅構内の連絡線のあたりで解体されるので、輸送の実績があるのかどうかは疑わしい。なんだか名電築港とは、結婚式場と火葬場が一緒になったみたいなところだ。

　平面十字交差部の傍らに仮設トイレのような小さなプレハブ小屋があるので、いささか気はひけたけれども中を覗いてみれば、「フライキ」と呼ばれる赤色・緑色の信号旗など信号扱いに必要な道具がいろいろと備わっていた。この建物が名電築港駅の信号扱所らしい。

　扱所（?）内の黒板には、専門用語が多く恐縮するが、「名築信号所　1．東港との閉そく打合わせは厳正確実に行うこと　2．信号テコ、踏切操作テコを扱うときは指差確認喚呼を実行すること」と記されていた。新車搬入時の運転取り扱いの注意事項だろう。

　甲種鉄道車両の名鉄築港線内での入換運転も名古屋臨海鉄道の仕事だが、信号扱いに関し

名鉄築港線と名古屋臨海鉄道東築線が十字に平面交差する箇所

名電築港駅の構内～右へ曲がる線路が東名古屋港駅への連絡線

東名古屋港駅から交差部方向を見た図～左へ分かれる線路が名電築港駅へと通じる

ては名鉄係員の役目という。普段、スタッフの受け渡しをおこなっている係員も、そのときは大活躍をするに違いない。

◆第五景　連絡線が複雑に絡む立体十字交差

立体交差の地点で主に設けられる「連絡線」

名電築港駅、東名古屋港駅の話に出てきたようないわゆる「連絡線」の類は、二つの線路が立体交差する箇所で、その二つの線路間に列車の直通運転が必要な場合に設けられることが多い。

代表例は、松田・新松田駅付近の小田急電鉄小田原線とJR東海御殿場線をつなぐ連絡線で、両社の相互直通運転による新宿〜沼津間の特急「あさぎり」がもっぱら通過するが、小田急の新車搬入にもたまには使われるという。玄人《くろうと》受けしそうなのが、JR東日本の武蔵野線新秋津駅と西武鉄道所沢駅とを結ぶ連絡線である（75ページの図9参照）。西武の新車搬入、売却車搬出と、西武線としては離れ小島的存在の多摩川線の検査車両回送用であるため、この線も東築線同様めったに列車は走らない。

花形連絡線と裏方連絡線が競演する駅

同じ連絡線ながら、一方は看板スターの花形的存在、もう一方は地味な裏方的存在と機能はまったく異なるが、その二タイプの連絡線を一カ所に備える贅沢な立体交差というのもある。近鉄の大和八木駅界隈である。

奈良盆地南部に在する大和八木は、南北方向に走る橿原線と東西方向に走る大阪線が十字に交差する駅で、大阪線の西方向（上本町方面）と橿原線の南方向（橿原神宮前方面）をつなぐ通称「八木連絡線」、および大阪線の東方向（伊勢中川・賢島方面）と橿原線の北方向（大和西大寺・京都方面）をつなぐ通称「新《に》ノ口《くち》連絡線」を近辺に備えている。なんとも欲張りな話とはいえ、どちらも単線であり、大和八木駅の構内線の扱いという。

八木連絡線は単純に十字交差の南西部を斜めに結ぶ線形であるのに対し、新ノ口連絡線の方はいささかへそ曲がりで、大和八木駅の西方で大阪線から分かれ、しばらく北上の後、向きを東に変えて、橿原線にぶつかりそうになったところで北に折れ同線に合流する。延長は一・六キロもあり、その合流箇所は新ノ口駅の間近である。「新ノ口連絡線」と呼ばれる所以だろう。

八木連絡線～正面の電車が見えるところが大阪線

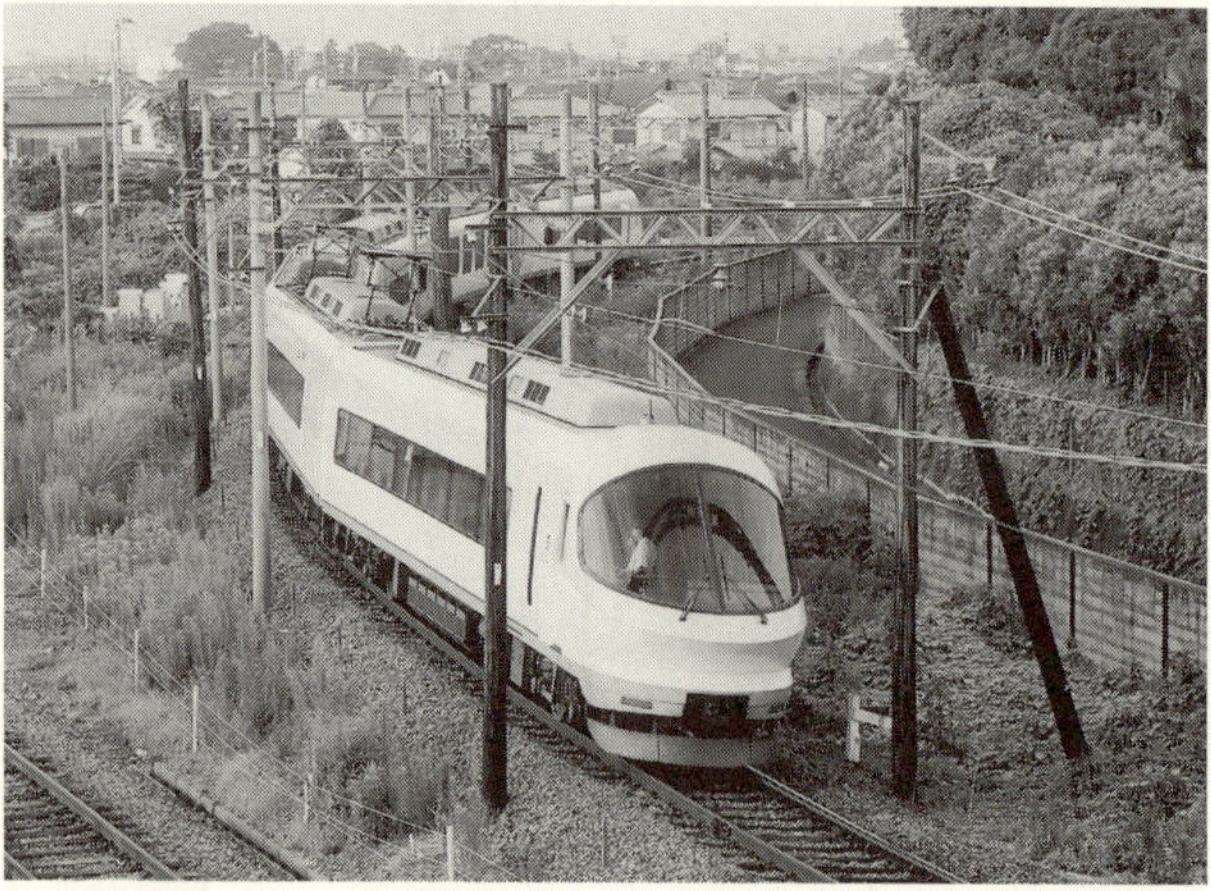

新ノ口連絡線を行く“伊勢志摩ライナー”～古風な木製架線柱との組み合わせがアンバランスだ

●図34　大和八木付近の鉄道地図

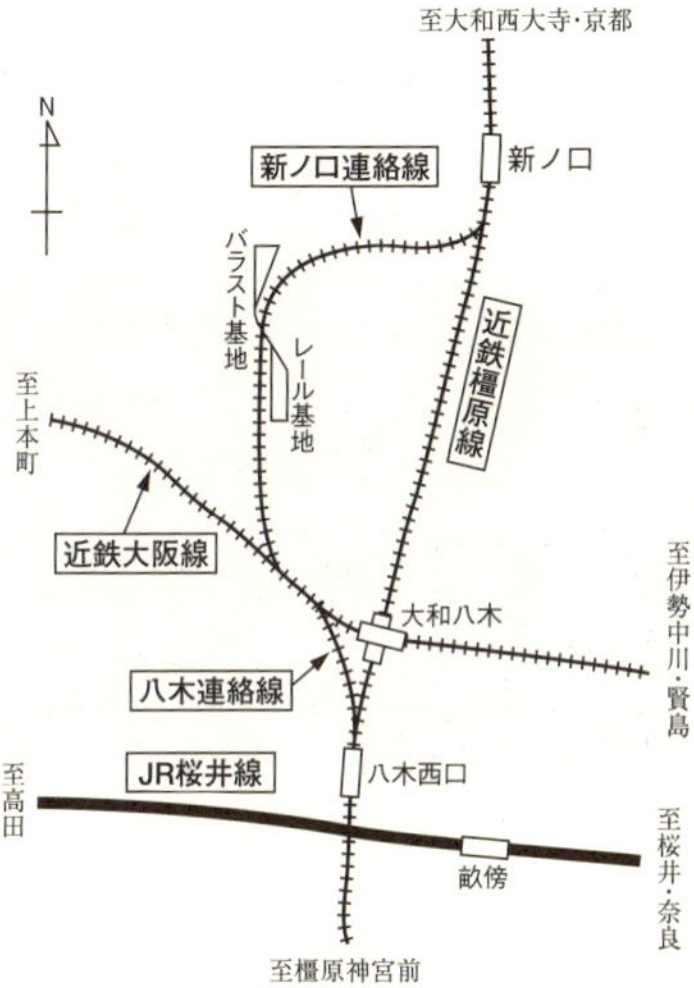

さて、両者の役割についていうと、八木連絡線の方は、大阪線を西へ八キロほどいった五位堂検修車庫への検査入出場車両の回送列車がたまに通るのみ、対する新ノ口連絡線は華々しく、京都と伊勢を結ぶ特急列車が上下共一時間に一本の割合で通過している。なんだか八木連絡線は窓際のような境遇だが、過去には一時期、華々しくかがやいていた時代もあったらしい。

参拝客輸送の要を担った八木連絡線

大和八木駅が開業したのは、大正一二（一九二三）年の大軌畝傍線（現・近鉄橿原線）平端以南延伸時であり、位置は

新ノ口駅南方の橿原線と新ノ口連絡線の分岐部～右へ分かれる線路が新ノ口連絡線

現在よりも南の八木西口駅付近という（開業当時の駅名は「八木」あるいは「大軌八木」）。次に、上本町方面から延びてきた大軌八木線（現・近鉄大阪線）が西から南へ折れる恰好で八木に達し、これが大正一四（一九二五）年春のことだった。この線路が八木連絡線の祖先である。

八木にさらなる異変が起こるのは昭和四（一九二九）年の正月であった。伊勢を目指す大軌（大阪電気軌道）は八木線を桜井線と改め、桜井までの延伸を果たすと同時に、八木の駅を現在の位置に移し畝傍線との立体交差化を実現する。今の八木西口駅が大和八木駅の一部という扱いなのは、かかる駅移転の歴史が関係しているのだろう。

ここではじめて、八木線として開業した従来からの線路が八木連絡線となるわけだが、設備は複線のまま残され、上本町〜橿原神宮前（久米寺）間列車などが定期的に通っていたという。

この複線時代の八木連絡線が大活躍するのは、それから約一〇年後のことである。昭和六（一九三一）年勃発の満州事変以来、急速に進んだ皇国史観から、昭和一五（一九四〇）年、建国の地橿原において「皇紀二六〇〇年記念式典」が催される。国威発揚の大義名分のもとに行われた盛大な式典のため、当然、全国から多くの人が押し寄せた。八木連絡線のフル回転ぶりが眼に浮かぶようだ。

戦後は皇国史観も薄れ、さらに大阪から橿原神宮への参拝客輸送の役目自体も大鉄（大軌の元ライバル）が変じた近鉄南大阪線に譲ったため、八木連絡線は単線化され窓際に転落する。しかし、戦後もひとときだけ、重責を担ったことがある。

昭和三〇年代の中頃より名古屋〜大阪間の輸送をほぼ独占してきた近鉄特急も、さすがに昭和三九（一九六四）年開業の東海道新幹線には歯が立たず、営業方針の大転換を余儀なくされた。近鉄が新たに打ち出した作戦は、新幹線で名古屋や京都にやって来た人を伊勢志摩へ送り込むこと、「伊勢志摩へは新幹線と近鉄特急で！」と東京でも大々的に宣伝した。

新ノ口連絡線内の踏切にある“耕作禁止”を伝える立て札

こういうあたりが大阪商人の商魂たくましいというか、しぶといところで、かかる作戦遂行のため京都～伊勢間に特急が新設される。昭和四一（一九六六）年一二月のことだが、この特急が実は当初、八木連絡線を通って橿原線と大阪線を直通していたのである。

お察しのとおり、かなりまだるっこしい直通である。京都から伊勢へ向かう場合を例にとれば、橿原線を南下してきた列車は八木西口に着くとバック運転で八木連絡線に入り、大阪線との合流部を過ぎると一旦停止、再び向きを変え伊勢を目指すという具合。これでは「近鉄特急」の名がすたると考えたに違いない。新たに新ノ口連絡線をつくり、昭和四二（一九六七）年の暮れにはスマートな現在の形の直通運転を

耕作禁止の付近を行く“ビスタカー”

実現するのであった。
　現地で二つの連絡線を見比べると、どちらもやはり「連絡線」であり設備はお世辞にも立派とはいえない。八木連絡線が民家の建て込むゴミゴミとした町中を通るのに対し、新ノ口連絡線は開けたところを行くという大まかな違いはあるけれども、後者もだいぶ周辺に家が建ってきており、なかには高層マンションも出来ているので、畝傍、天香久《あまのかぐ》、耳成《みみなし》の大和三山が前に見えたり後ろに見えたり、右に見えたり左に見えたりの車窓風景も昔ほど見事ではなくなった。飛鳥川の並木に沿って南北に走るところでは保線基地のようなものまでつくられている。工場の引込線に迷い込んだのかと勘違いする近鉄特急の乗客もいるかもしれない。

新ノ口連絡線の途中にある踏切で、「鉄道用地内への立入及び耕作を禁止いたします」と書かれた立て札を見つけた。〝耕作禁止〟とはまた珍しい御触書だが、八木連絡線では線路端が家庭園芸の用地と化している箇所もあるので、その対策なのだろう。確かに特急が頻繁に通る線路のそばで耕作などやられたら、危なくて仕方がない。

この耕作禁止の付近は上品寺団地という上品な名の住宅街で、そこの案内地図には新ノ口連絡線が「近鉄特急迂回線」と記されていた。なるほど、平面だけをとらえれば確かに迂回線である。実に的を射た表現だなと感服しながら、二上山《にじょうざん》の方角に沈む夕陽を背に新ノ口連絡線を後にした。

◆第六景　東海道本線、逆走列車の怪

「東海道本線」が三本も分岐する大垣

〝特急迂回線〟は天下の東海道本線にも存在する。場所は岐阜県、大垣と「天下分け目」の関ケ原の間である。

時刻表の索引地図を見ると、大垣駅とはつくづく興味深い分岐点で、ここから西方へ三本

の「東海道本線」が分かれている。

ひとつは、豊臣秀吉の軍師、竹中半兵衛の陣屋跡が残る垂井を経由する線路、これが東海道本線の「本線」あるいは「元線」と呼べる存在で、一番南側を行く。北側へは、かの西濃鉄道の拠点、美濃赤坂までのヒゲ支線が分岐する。地元では「美濃赤坂線」と通称される。この美濃赤坂線と垂井経由の線路の間から現れ、垂井の町の北側を大きく迂回し関ケ原駅で後者に合流するのが〝特急迂回線〟である。主に下りの特急列車と貨物列車が通ることから、勝手にそう呼ばせてもらっているが、正体は何を隠そう東海道本線の「下り線」にほかならない。

大垣〜関ケ原間は東海道本線中でも一、二を争う風変わりな区間で、上り線と下り線がまったく離れた場所を走っている。しかし、〝風変わり〟とするのはそのことだけではない。「上り線」はお察しのとおり垂井を経由する線路で、こちらはすべての上り列車が通過するのだが、迂回下り線の方は下りの普通列車が一切通らないというところがミソなのである。ならば、下りの普通列車はどこを通るのかとなるわけだが、答えは、上り線に並んで敷設される通称「垂井線」と呼ばれる単線の線路である。

ここで、垂井線とやらは上り線と並んで走っているのだから、この「垂井線」こそが「下

南荒尾信号場～分岐する線路は左から垂井線、下り線、上り線、美濃赤坂線

り線」で、件の〝特急迂回線〟は「下り補線」(?・)とでも呼ぶべきではないのかと思われた方も多いかもしれない。しかし、そういう言い方は、到底、出来ないのである。なにしろ垂井線には、一部の上り列車も走るのだから。

からくりを明かす前に、一つ訂正を入れなければならない。冒頭で三本の「東海道本線」が分かれるのは大垣駅と書いたが……と、こう出ればもうおわかりのように、実際の分岐点は大垣から西へ三・一キロほど行った南荒尾信号場という場所で、垂井線もここから分岐している。すなわち南荒尾信号場とは、下り線、上り線、美濃赤坂線、垂井線と、実に四本もの東海道本線を分ける誠に豪快な分岐点なのである。こんな扇の要のような信号場は全国的にも珍しい。

さらにおもしろくなるのは、美濃赤坂線の総延長距離である。時刻表では大垣〜美濃赤坂間五・〇キロとあるが、うち三・一キロは本線を間借りしているわけで、独り立ちの区間は一・九キロのみだ。世が世だから、偽装だとイチャモンをつけられかねないが、前にも説明した通り、JRでは信号場を線区の起終点とすることはないので、これぱかりは仕方がない。

美濃赤坂線はともかく、南荒尾信号場〜関ケ原間の東海道本線が垂井線も含めて三経路も出来てしまったのは、いったいなにが原因なのだろうか。

急勾配回避のために作られた迂回下り線

当初の東海道本線は、上り線、下り線共に垂井を経由していたという。しかし、この垂井から次の関ケ原にかけては、箱根越えに並ぶ難所であった。海抜約三〇メートルの垂井と同一二二メートルの関ケ原の距離はわずかに五・七キロ。結果、同区間には一〇〇〇分の二〇から一〇〇〇分の二五という急な勾配が連続するのである。

今の電車ならば大したこともないが、昔の蒸気機関車には辛い坂である。そこで、坂を登る下り列車には、大垣で後部に補助機関車を付ける措置がとられた。戦前の超特急「燕」の下り列車が、県庁所在地の岐阜駅を通過するのに大垣に停車したのは、補助機関車連結作業

●図35　大垣・関ケ原付近の鉄道地図

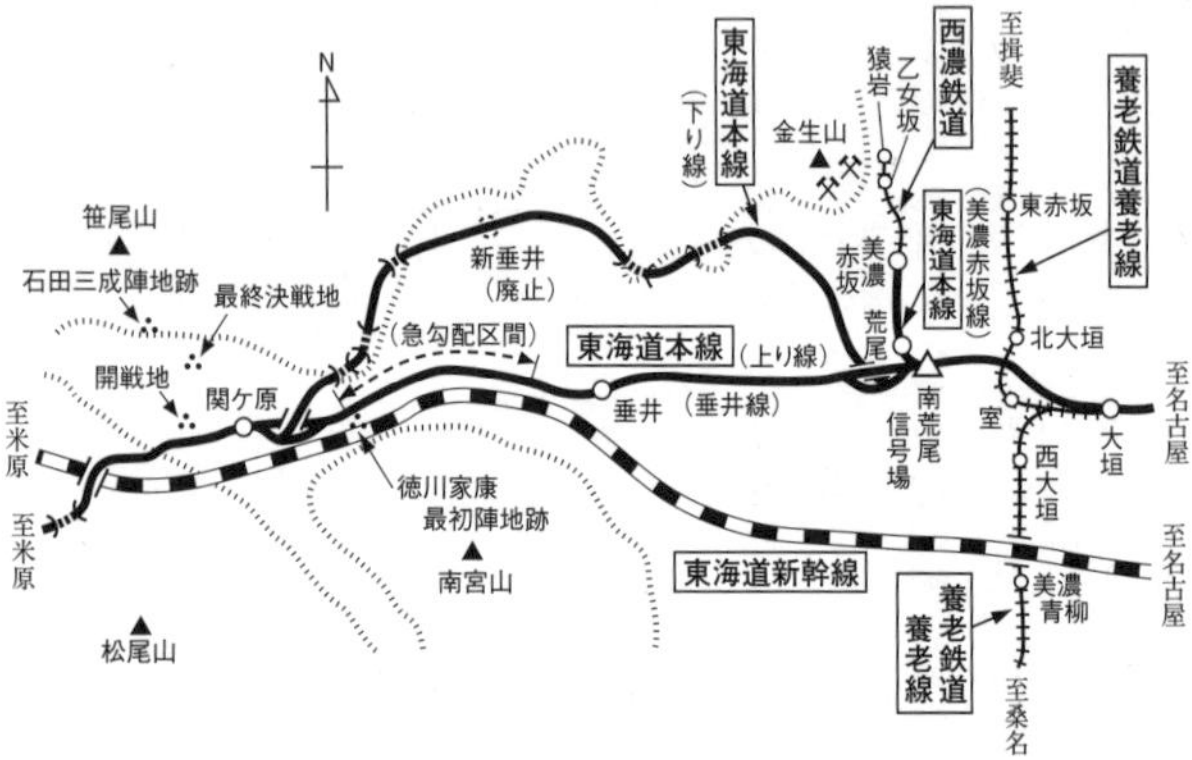

（東海道本線　南荒尾信号場〜関ケ原間の線路配線概略図）

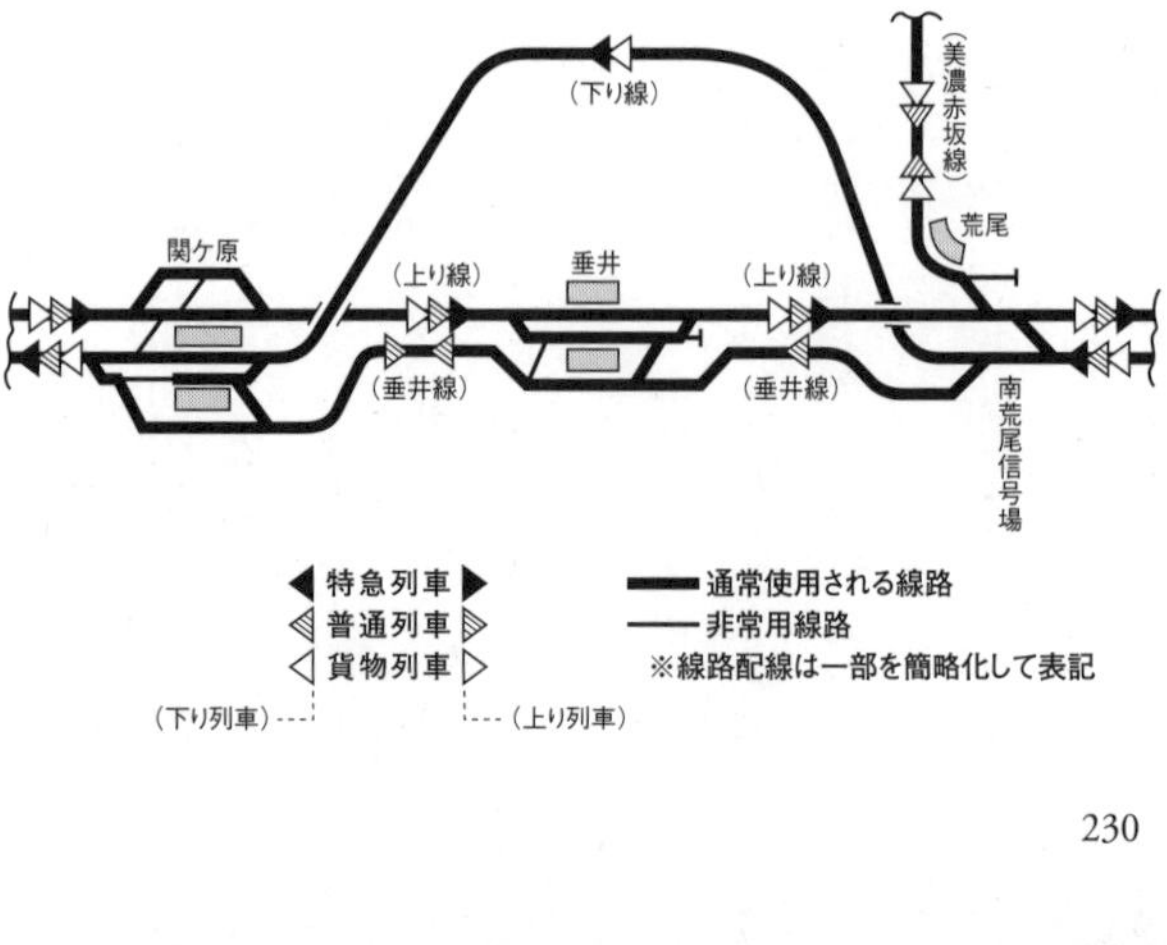

のためであった（解放は関ケ原のひとつ先の柏原で走行中に実施）。

ただ、かかる方法には問題がある。補助機関車の折り返し回送列車設定により、上り線が線路容量いっぱいの本数設定となることだ。大東亜戦争が激化すると、船舶徴用および敵国駆逐艦による攻撃回避のため国内貨物輸送の海運から鉄道への転嫁が進むが、関ケ原付近の輸送力不足の深刻化は想像に難くない。

そこで戦時下の非常措置として、南荒尾信号場～関ケ原間に勾配を一〇〇〇分の一〇に緩和した迂回下り線をつくることになり昭和一八（一九四三）年四月着工、突貫工事の末、翌年一〇月に完成する。これにより、下り列車の補助機関車連結は中止され、輸送力増強を成し得たのであった。

迂回下り線は、分岐後すぐに垂井の町の北に横たわる山壁に取り付き、徐々に高度を増していくのが特徴で、新設の途中駅新垂井ですでに海抜は八〇メートルにも達する（南荒尾信号場の海抜は約一一メートル）。この線路の完成と引き替えに従来の下り線は撤去されたのだが、するとどういったことが起こるだろう。そう、垂井駅が上り列車専用と化してしまったのである。

垂井の住民が下り列車に乗る際には、垂井駅から四キロも離れた山の中の新垂井駅（下り

垂井・関ケ原間の怪〜上は「垂井線」を行く下り普通加古川行、中は「上り線」を行く上り快速金山行、下は垂井線を行く上り新快速豊橋行（前照灯の点燈に注意）

列車専用）まで行かなければならなくなった。両駅間を省営自動車（→国鉄バス）が連絡したとはいえ、明らかにこれは不便である。まあ、「ほしがりません勝つまでは」の時代だから、おおっぴらに文句を言う人もいなかったとは思うが。

しかし、アメリカ型のいろいろが入り込んできた戦後は、さすがにかかる不便は野放しにできなかったようだ。昭和二一（一九四六）年、旧下り線の路盤を利用して垂井線を設置、長距離を走る下り普通列車は新垂井経由のままだったが、大垣～関ケ原間などの小運転の下り普通列車を新たに垂井経由で設定したのである。

垂井線は旧下り線の復旧という見方も出来るが、従前と違う点はあくまでも独立した単線の線路で、上り列車の運転も可能ということ。時代は下って電車化の進展から昭和六一（一九八六）年に新垂井駅は廃止となり、現在はすべての下り普通列車が垂井線を経由するが、垂井～関ケ原間に限っては、未だ一部の上り普通列車が垂井線を通っている。

大垣方面からやって来て関ケ原で折り返す列車である。関ケ原駅付近は慶長五（一六〇〇）年の合戦の際、東軍最前線の陣地が置かれた地というが、この駅の構内配線がまた一風変わっている。垂井線および下り線を走ってきた下り列車が上り列車として折り返す場合、上り線へは直接出られないのである。よって、やむなく垂井線を戻り、次の垂井駅で上り線

七飯の本線（仁山線）と藤城線（右）の分岐部

へ転線するというわけだ。

垂井線は上り線の南側を完全併走する。朝の陽が古戦場の草露を朱に染めるころ、垂井駅西方の踏切に立ち関ケ原始発の新快速豊橋行を見送ったが、それは土電を思い起こさせる右側通行の逆走列車と私の眼には映った。

◆第七景　函館本線に見る二段重ねの勾配緩和線

「8」の字状の鉄道地図

東海道本線・南荒尾信号場～関ケ原間の下り線のような勾配緩和線が、二段重ねで「8」の数字状に存在する場所もある。函館本線の七飯《ななえ》～大沼～森間である。

森駅といえばすぐに「いかめし」を想起する

が、それを本場で喰らおうとして南の函館方面から向かう場合、まず七飯の駅で函館本線は二手に分かれる。西回りの「本線」と呼べそうな線路と東回りの通称「藤城線」で、どちらも単線である。この二つの線路は、函館平野を馬蹄《ばてい》状に囲む駒ヶ岳山麓《さんろく》の壁に東西分かれて取り付き、おのおの坂を登りはじめるが、前者は一〇〇〇分の二〇という急な勾配なのに対し、後者は一〇〇〇分の一〇とかなりお手柔らかである。つまり、藤城線が勾配緩和線ということになる。

坂を登りきり峠のトンネルを抜けると、秀峰《しゅうほう》駒ヶ岳を湖面に映す小沼が現れ、二つの線路は合流する。両線はトンネル付近で交差しており、藤城線が西側、「本線」が東側という位置関係で小沼のほとりをしばらく並んで走り、大沼の駅に着く。駒ヶ岳は、富士山の六合目ぐらいから上をスコップでえぐり取ったような山容だが、この大沼駅のあたりから見る図が一番美しい。

七飯と大沼の間は、藤城線には駅は無い一方、「本線」の方は渡島大野《おしまおおの》、仁山《にやま》という二つの駅がひかえている。ゆえに「本線」は「仁山回り」「仁山線」などとも呼ばれる。これに倣い以降は、七飯～大沼間の「本線」を仁山線と記す。

仁山駅は一〇〇〇分の二〇の急勾配区間に設けられた信号場が起源で、行き違い設備が坂

仁山駅の「加速線」(一番右の線路)

大沼駅の駒ケ岳線と砂原線（右）の分岐部

の途中にあるため、函館側に「加速線」という平坦な行き止まりの線路を持っている。かつて坂を登る大沼方面行きの下り列車は、出発時にバック運転で加速線に入り、ここで勢いをつけ急勾配に挑むという段取りだった。もちろん、蒸気機関車が消え、ディーゼルカーが主流となった今、そのような運転方法をとる列車は皆無でも、設備だけは残されている。仁山は、函館平野の向こうに函館山と津軽海峡を見晴るかす眼福の地でもある。

さて、仁山線と藤城線が再会した大沼の駅で、函館本線は再び二手に分かれる。北西方向に行く単線が「本線」格の線路で、途中の駅名から「大沼公園回り」「駒ケ岳回り」などと呼ばれるが、本稿では便宜上「駒ケ岳線」としておく。

駒ケ岳線は次の大沼公園駅の先で、小沼と大沼がつながっている箇所を鉄橋で渡り、駒ケ岳の西の裾野を乗り越え森を目指す。途中、駒ケ岳駅までは平坦もしくは軽い登りとなり、そこを過ぎると突然変異のように右左にぐねぐねと曲がりながら急な坂を転げ落ち、突っ込む感じで森駅に到達する。転げ落ちる途中は、森の町並と背後に広がる噴火湾の紺碧が、右窓に見えたり左窓に見えたりとなかなかの眺望なのだが、大沼・函館方面に向かう上り列車にとってはしんどい坂といえる。

このしんどい坂を避けるための勾配緩和線が、大沼駅を出はずれたところで急な右カーブを切り東方へと向かっていく単線で、途中駅の渡島砂原《おしまさわら》の名をとり「砂原線」と俗に呼ばれている。

砂原線は、駒ヶ岳南の思いっきり長くひいた裾野を利用してゆっくりと高度を下げ（上り列車から見れば大沼に向かって緩やかに高度を上げていく）、噴火湾沿岸に出て砂原などの海岸集落を縫い森に到達する。従って、大沼・函館方面の上り列車にしてみれば実に楽な線

●図36　大沼付近の函館本線　経路概略図

路なのだが、何しろ四角形の三辺をなぞるような線形で、それなりに時間がかかるのが玉に瑕《きず》である。大沼〜森間の営業キロは駒ケ岳線が二二・五キロ、対する砂原線は三五・三キロもある。

森駅の函館方を見た図〜左が砂原線、右が駒ケ岳線

以上の七飯〜大沼〜森間の「8」状の線路は、時刻表の索引地図でも実状に近い形で示されてはいても、砂原線の大回りが影響し、「8」ではなく瓢箪《ひょうたん》を逆さにしたような感じにも見える。

緩和線はあれど

函館本線は七飯以南、森以北が複線だから、七飯〜大沼間では藤城線が下り線（森・札幌方面の線路）、仁山線が上り線（七飯・函館方面の線路）、大沼〜森間では駒ケ岳線が下り線、砂原線が上り線、という見方も出来る。そのように列車を走らせれば、上り下りのどちらも急坂の登りを回避できる。しかし、そういう走り方をし

上下線のホームの長さがアンバランスな姫川駅〜右が上りホーム

ているのは貨物列車のみで（のみといっても本数は多いが）、旅客列車については、下り専用の藤城線を除き各線に上り・下り列車が運転されるという、やはり複雑な線路の使用法を見せてくれる。

まずは、後段の大沼〜森間から見ていこう。森〜砂原間に細々と走っていた渡島海岸鉄道という私鉄を買収し、線路の改修と延伸を図って砂原線を全通させたのは敗戦間近の昭和二〇（一九四五）年六月、目的はもちろん、戦時下の輸送力増強であった。砂原線開業後の大沼〜森間は、旅客、貨物共に下り列車は駒ケ岳線回り、上り列車は砂原線回りを原則としたが、双方に途中駅がある関係から、普通列車についてはは両線に上下列車が設定された。ただ、下りは

森以南の函館本線普通列車には二通りの経路がある

長距離普通列車が駒ケ岳線、砂原線の双方を通ったのに対し、上りの長距離普通列車（札幌、長万部方向から来て函館へ向かう列車）は砂原線回りが基本で、駒ケ岳線回りの上り普通は森以南だけを走る区間運転列車に限られた。長距離普通列車は編成が長く、荷物車や郵便車なども連結していた。やはり長い編成の重たい列車は、森から駒ケ岳にかけての急坂を避ける必要があったのだろう。

駒ケ岳線の姫川駅上りホームは、一両がようやく停まれるかどうかの極端な短さが自慢で（?）、四、五両はいけそうな下りホームとの対比がおもしろい。これも線路の使用法が大きく関係したものと思われる。砂原線にも、上りホームが長く下りホームが短い、つ

砂原線鹿部駅を通過する北旭川発梅田（大阪）行高速貨物列車〜北海道の農産物を関西方面に届ける重要な列車だ

まり姫川とは逆の構造の駅がいくつかあるが、差は姫川ほどに唐突ではない。

ただ、この線路の使い方も、蒸気機関車よりは若干勾配に強いディーゼルカーやディーゼル機関車が台頭しだすと、必ずしもそうする必要はなくなり、時間が勝負である優等旅客列車（特急・急行）の駒ケ岳線経由化が進んでいく。現在はディーゼルエンジンのパワーアップも手伝い、優等旅客列車は上下とも駒ケ岳線経由が基本で、砂原線を回るのは夜行急行「はまなす」の上りが定期優等列車としては唯一である。

普通列車に関しては往時の傾向がまだ見られるが、昔ほどには徹底されておらず、そもそも長距離普通列車といえる存在自体が無くなってしまった。

一方の七飯〜大沼間はどうだろうか。藤城線が出来るのは戦後であり、こちらは仁山線に途中駅がある関係から、下りの特急・急行列車と貨物列車が藤城線回り、下り普通列車と上りのすべての列車が仁山線回りという関係が一貫して続いている。対向の特急や貨物が次々と現れる間を縫って下りの普通は急坂に挑むわけだから、なかなか根性がある。この普通列車も、小沼のほとりの藤城線との併走区間を進むときは、右側通行に見える。

下り特急が次々に通過する藤城線に対し、勾配緩和線の先輩格、砂原線は昔ほどの活気は無いけれども、長編成の上り貨物列車が頻繁に通るのは頼もしい。まだまだ幹線としての風格は失せていないようだ。通過貨物列車には、札幌貨物ターミナル発福岡貨物ターミナル行という我が国最長距離の列車もあり、これは上り急行「はまなす」の二〇分ほど前を走っている。草木も眠る丑三つ時の砂原線は、役者が揃ってなかなか賑やかである。

砂原線のお世話になる大物はまだいる。臨時列車扱いだが日本最長距離旅客列車の誉れも高い大阪〜札幌間の寝台特急「トワイライトエクスプレス」は、上りが砂原線回りなのである。走行距離、下り8001列車一四九五・七キロ、上り8002列車一五〇八・五キロ。すなわち、真の日本最長距離旅客列車は「トワイライトエクスプレス」の上り列車という次第。

◆第八景　上州桐生界隈の持ちつ持たれつの鉄道地図

ライバル同士が共存する駅

「共同使用駅」というのがある。構内設備の全部または一部を複数の鉄道会社が共用する駅で、その共用の度合いは駅によって千差万別、さまざまであっても、そういった駅ではえてして当該鉄道会社間に業務の委託・受託関係が生じやすい。

例えば、埼玉県の寄居《よりい》駅である。この駅には秩父鉄道秩父本線、東武鉄道東上本線、ＪＲ東日本八高線と三社の路線が乗り入れるが、ホームの管理や出改札業務はすべて秩父鉄道の駅員が行っている。つまり、東武とＪＲ東日本は寄居駅に関する一切の業務を秩父鉄道に委託しているわけである。三社のホームはそれぞれ独立しているものの、駅舎や跨線橋は共用で、会社間には中間改札などもない。地方の共同使用駅は、多くが中間改札を備えず、開けっぴろげである。

奈良県の吉野口駅もＪＲ西日本と近鉄の共同使用駅である。ここはちょっと風変わりで、ＪＲ西日本が管理する駅なのに、ＪＲの駅員が詰める駅舎側の１・２番線が近鉄吉野線乗り場で、家主のＪＲ和歌山線はその向こうの３・４・５番線に追いやられている。ＪＲが陣取る改札口を入ると、そこは１番線で近鉄電車が停まっているのは実に珍妙な光景だ。

１番線の端には信号扱い所があり、近鉄の係員が常駐するが、出改札業務は近鉄分もＪＲの仕事である。ただし、新幹線の特急券は売っても近鉄の特急券は売らないので、近鉄特急に乗る人はホーム備え付けの特急券自動販売機を利用しなければならない。吉野口は、近鉄特急停車駅では唯一、特急券の前売りが出来ない駅である。

ライバルである会社間にも共同使用駅があったりするから、またおもしろい。名古屋と伊勢の間で極端な競合関係にあるのがＪＲ東海と近鉄だが、驚くことに、その競合する区間内の桑名、津、松阪、伊勢市の各駅が両社の共同使用駅なのである（桑名は養老鉄道、津は伊勢鉄道が共同使用の仲間に加わる）。

この四駅の共同使用のあり方もなかなか興味深い。ホームはそれぞれ独立していても、跨線橋と表側、裏側双方の駅舎が共用で、表口はＪＲ管理、裏口は近鉄管理とお互いが改札業務を委託し合っている（出札に関しては、近鉄は表口駅舎の一画を間借りして特急券などを売る窓口を設けている）。ライバル同士だからどうなのかなと思い、私はある日、某駅表口で「近鉄週末フリーパス」を見せて出場してみたところ、ＪＲ東海の駅員から「ありがとうございます」という言葉が出たのには度肝を抜かれた。ならばとばかりに別の日、こんどは「青春18きっぷ」を手に某駅裏口を出てみると、近鉄駅員の対応も同様であった。

群馬県に存在する共同使用駅密集地帯

かように共同使用駅というものは、観察すればするほどに興味をそそられる存在なのだが、最近は駅の高架化や橋上化などの改良から減少の傾向にあるのは実に淋しい限りである。けれども、狭い地域内にそれが密集する、共同使用駅の巣窟といえそうなところも、まだ残っている。

渡良瀬《わたらせ》川の流れが運ぶ奥日光からの冷気と、国定忠治《くにさだちゅうじ》で名高い赤城山《あかぎさん》より吹き下ろすからっ風が冬場は身に応える群馬県東部は、桐生《きりゅう》界隈が、まさに鉄道路線の複雑に絡み合う地域である。

まず、東西方向にJR東日本の両毛《りょうもう》線が走っている。その桐生駅を起点に渡良瀬川に沿って北部の山中へと分け入っていくのが、元国鉄足尾線である第三セクターわたらせ渓谷鐵道（わ鐵）だ。このわたらせ渓谷線は両毛線と分かれるとすぐに、南の方から上ってきた東武鉄道桐生線と合流し相老《あいおい》という両線の乗り換え駅に着く。相老を出ると東武線とわたらせ

●図37　桐生界隈の鉄道地図

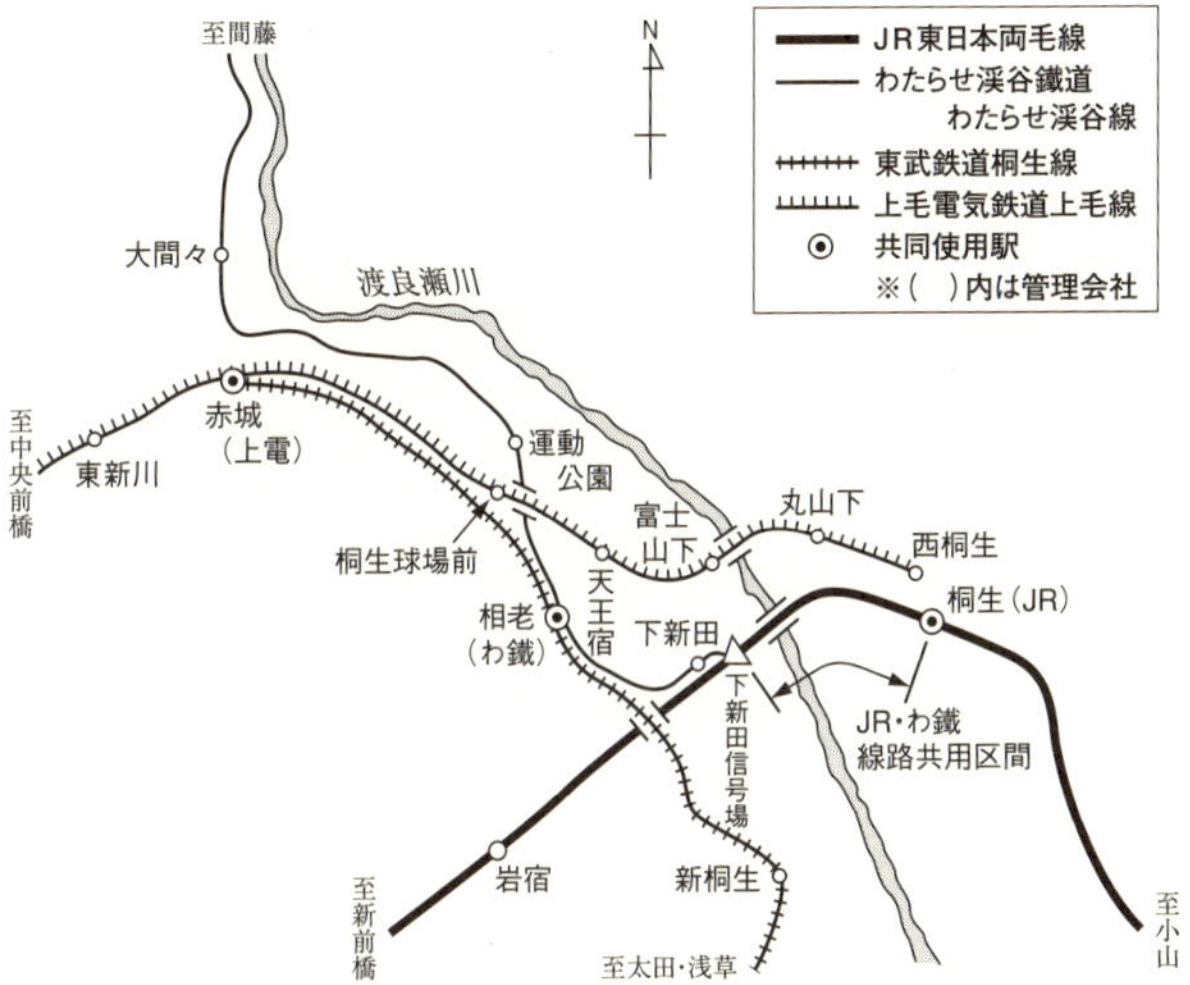

渓谷線は少し離れた状態で北西を向くが、二つの線路の間に、西桐生駅を起点として西へと延びる上毛電気鉄道（上電）上毛線が入り込んできて、それが東武線にべったりとへばり付き、東武・上電乗換駅の赤城に到着する。東武線はここが終点である。

まあ、文章で絡み合いの様子を説明するとこんな具合になり、なんだかよくわからないが、路線が込み入っていることだけはおわかりいただけたと思う。しかし、関係が込み入っているのは路線だけではない。お祭しの通り、桐生、相老、赤城の各駅が共同使用駅なのである。桐生駅から赤城駅までは直線距離にして約六キロ前後、共同使用駅が三つもこれだけ近接してあるのは、全国的にも珍しい。まさに共同使用駅の巣窟である。

共同使用駅における他社線乗り継ぎの妙

それでは、各駅の様子を見に行こう。まずは、桐生駅から。

JR東日本とわたらせ渓谷鐵道の共同使用駅、桐生は、新幹線駅のような高架駅だが、4番線まである幅広な高架橋の下は活用が控え目で、空虚な印象を与える。駅の管理はJR東日本で、むろん、わ鐵に関する出改札業務も同社の仕事である。「みどりの窓口」の仕切りガラスには「JR全線・わたらせ渓谷線　連絡会社線」と大きく記され、わ鐵の「一日フリーきっぷ」もそこで売られていた。

目立つのは、ホームを含む改札内の随所に貼られたICカード「Suica」「PASMO」利用者への「ご注意」だ。わ鐵ではICカードが使えないため、その所持者が両毛線からわたらせ渓谷線に乗り換える際は、一旦、改札口を出て（自動改札機にタッチして）券売機でわ鐵の乗車券を買うようにとのお達しである。わたらせ渓谷線の列車は、主に両毛線小山方面行き列車が発着する2番線の対面、1番線の西寄りから発車する。つまり、同じホー

わたらせ渓谷線の列車はJR桐生駅の1番線から発車する

ムで乗り換えられるのだが、ICカードの利用者に限っては階段を降り、改札口まで行かなければならないというわけ。ICカード乗車券は便利ではあっても、かかるやっかいな一面もある。

わたらせ渓谷線の間藤《まとう》行に乗り桐生を後にする。時刻表の索引地図では、桐生駅で両毛線からわたらせ渓谷線が分岐するように描かれていながら、ここもやはりそうではなく、実際の分岐点は西へ一・七キロもいった下新田《しもしんでん》信号場である。すなわち、桐生〜下新田信号場間は、両毛線とわたらせ渓谷線の二重戸籍（JR東日本とわ鐵の線路共用）区間となるわけだ（同区間には線路が二本あり、複線に見えるものの、うち一本は下新田信号場付近にある車両留置線と

両毛線とわたらせ渓谷線の分岐点である下新田信号場
〜右へ分かれる線路がわたらせ渓谷線

桐生駅をつなぐ回送線で、共用線路はあくまでも単線である）。どうして線路を共用しているのかについては、今さら申し添えるのも野暮だが、昔はここが国鉄両毛線と国鉄足尾線の分岐点であった。

わたらせ渓谷線には分岐箇所のすぐ先に下新田駅があり、そこを過ぎると両毛線の単線が左へと離れ、代わって、それを乗り越えてきた東武線が寄り添ってくる。なんだか離婚した当日に再婚するような趣であり、東武線の単線とわたらせ渓谷線の単線はしばらく並んで走り、わ鐵、東武の共同使用駅、相老に到着する。地名は「相生」でも、駅名は「相老」と書く妙な駅である。

相老はわ鐵の管理で、古くも新しくもない中途半端な感じの木造駅舎には、わ鐵の駅員が一人おり、窓口で東武特急「りょうもう」号の特急券なども売る。普通のきっぷは自動券売機で買うが、機械は「わ鐵・JR連絡用」と「東武用」に分かれていた。改札を入るとそこは、わたらせ渓谷線桐生方面の1番線ホームで、その向こう側に足尾・

間藤方面の2番線ホームと東武線専用の3・4番線ホームが並んでいる。わ鐵の部分がいかにもローカル線の駅といった風情であるのに対し、東武の区域は都会の私鉄駅を少し野暮ったくしたような感じで、その対比が実に滑稽だが、これが相老駅の醍醐味なのかもしれない。

素朴なたたずまいの相老駅はわたらせ渓谷鐵道と東武鉄道の共同使用駅

おのおののホームは屋根無しの開放的な跨線橋で結ばれているが、そこにも「Ｓｕｉｃａ」「ＰＡＳＭＯ」に関する注意書きが貼られていた。ＩＣカード利用者で東武線からわたらせ渓谷線へ乗り換える人は、改札機で出場処理をしてくれとのお願いである。ただ、その改札機は駅舎だけでなく間藤方面の2番線ホームにもあり、わざわざ改札口まで足を運ばなくてもすむので、桐生駅よりもはるかに親切である。

相老からは東武線で赤城へと向かう。相老を出てもなお寄り添う東武線とわたらせ渓谷線が袂を分かつのは、右手より上毛線の築堤が近づいてきたあたりである。わたらせ渓谷線は築堤の向こう側へと姿をくらますが、こ

相老駅の構内〜左側が東武の区域

相老駅のわたらせ渓谷線間藤方面ホームに備わる IC カード用改札機

んどは上毛線が東武線の相方となる。またしても「離婚直後の再婚」のような感じだ。

赤城に向かって東武線の単線が左、上毛線の単線が右という位置関係で、両線は二キロほど仲良く並んで走る。ここも浅草方面の東武線列車、赤城方面の上毛線列車が右側通行に見える場所である。

上電と東武の共同使用駅赤城は、六両編成が停まれる東武線ホーム（3・4番線）と、せいぜい三両ぐらいしか停まれない上毛線ホーム（1・2番線）が整然と並び、後者の北側に建つ駅舎と二つのホームは構内踏切でつながっていた。上毛線ホームにはＩＣカード用の改札機が備わり、相老同様乗り換えは便利である。二つのホームを見比べると、長さだけでなく屋根（上屋）なども東武の方が立派だ。しかし、駅の管理は上電側で、駅舎内の出札窓口は券売機共々「上毛線用」と「東武線用」に分かれるが、声をかけて出てくるのはどちらも上電の駅員である。構内踏切が閉まるとき、安全のため遮断機のそばに立つ係員も上電の人。東武線ホーム側の遮断機の袂に立てかけてあるリアカーにも、マジックペンで「上毛電気鉄道」と大きく書かれていた。しかし、東武の人がまったくいないわけでもないらしい。

上毛電気鉄道と東武鉄道が共同使用する赤城駅～左の東武線ホームの方がどことなく立派だ

意外と他社管理が多い東武の終着駅

東武線ホームの終端部には信号扱い所と思《おぼ》しき建物があり、その二階に東武の係員がいて案内放送なども行っているようなのである。一階は「東武ビルマネジメント」なる会社の詰め所で、特急「りょうもう」の折り返し車内整備を担当している。さすがは終端の駅で、上毛線の線路を挟んだ北側にある建物の玄関にも「東武鉄道　赤城乗務員宿泊所」と記された表札がかかっていた。そこは上電から東武が土地を借りているのだろうか。

不思議なことにも東武鉄道の終端駅は、他社が管理する共同使用駅が多い。既述の通り東上本線の終点寄居は秩父鉄道管理で、他にも越生《おごせ》線の越生と伊勢崎線の伊勢崎がＪＲ東日本管理、鬼怒川線の新藤原が野岩《やがん》鉄道管理、伊勢崎線の押上《おしあげ》が東京地下鉄管理である（中間駅ではあるが、逆に、小川町はＪＲ東日本から、北千住と和光市は東京地下鉄から、それぞれ東武が管理業務を受託している。また、以前は、栃木、佐野、栗橋が国鉄〈→ＪＲ東日本〉への業務委託駅、川越が国鉄からの業務受託駅、羽生《はにゅう》が秩父鉄道からの業務受託駅となっていた。川越駅では、国鉄川越線折り返し列車の行先字幕の変更、小川町駅では国鉄八高線列車のタブレット〈スタフの改良発展版〉受け渡しも、東武の駅員の役目であった）。

伊勢崎線の終点、伊勢崎駅は明治四三（一九一〇）年の開設以来、一貫して国鉄・ＪＲに出改札業務を委託してきた共同使用駅の老舗であるが、現在、高架化工事中で、完成のあかつきには委託が解消されるかもしれない。伊勢崎駅ではＪＲ東日本の駅員が「りょうもう」号の特急券を発売するが、赤城駅でも上電の駅員がそれを売っている。けれども私は、ここで帰りの浅草ゆき特急券は買わない。すでに先ほどの相老駅で仕入れているからである。

特急券購入をきっかけに、黒っぽい軍服調の制服を着込んだわたらせ渓谷鐵道の駅員氏と少し話をした。元々は国鉄職員らしく、かつて東武が国鉄に業務を委託していた佐野駅や栃木駅のことも詳しかった。こちらが吉野口駅の話をすれば、「なぜ窓口で近鉄の特急券を売らないのでしょうか」と首を傾げていた。

赤城駅に停車中の東武特急「りょうもう」（右）

話題が「りょうもう」号に及ぶと、「バブルが弾ける前は、平日の朝の浅草ゆきはいつも満席でしたが、今は……」と、我がことのように淋しそうな顔をした。

あとがき

平成一九年の五月半ば、光文社新書編集部編集長代理の森岡純一氏が、遠路はるばる東京から我があばら屋のある神戸までやってこられた。

お会いしてみると、あなたが過去に書いたものをいろいろ読ませてもらったが、そこそこおもしろい、と一向におもしろくなさそうな顔をしてそうおっしゃる。ついてはうちでも、鉄道地図をテーマに一冊書いてもらいたい、と話は続いた。

鉄道の路線図とか、列車の運転系統図などは見ているだけで楽しく思う性分なので、依頼の件はすぐにお引き受けしたのだが、写真も出来ればお貸し願いたい、なるべくなら多めにという要望には、いささか困ることがあった。

なにしろ私は、観光でも道楽でも、ほとんど写真は撮らないのである。昔ならいざしらず、最近は、旅にカメラを持参したことがない。写真を撮るといえば、家の庭に遊びに来る近所の飼い猫を、ケイタイかレンズ付きフィルムでたまに写す程度のものなのである。

従って、鉄道地図の話に関係する写真など、過去の出版物用に撮影したもの以外、持ち合わせてはいない。さて、困った。

考えあぐねた末、重い腰をあげ、写真撮影のため全国を巡ることにした。ただ、デジカメなどといった近代化された装備は、あいにく持っていない。だからといって、まさかケイタイやレンズ付フィルムで写した写真を本に載せるわけにもいかない。ここでも困った。

そこで、三〇年以上も前に購入した、マニュアルで機械式シャッターという骨董品の一眼レフカメラ二台の出番となった。どちらも持病をかかえてのハードな全国行脚、毎朝、双方の調子を窺い、本務機、補機を決めるという有り様ではあったが、なんとか必要な写真は揃えることができた。

ささやかな本書ではあるが、最大の功労者は、老体にむち打って活躍したこの骨董品カメラ二台だと思う。

撮影は、平成一九年八月から一二月にかけて断続的に行ったが、さすがに最後の方になると酷使がたたったのか、シャッターを押したらそのままロックされてしまうというトラブルが発生した。一二月中旬の、とある朝に訪れた岩手県の好摩でのことで、当日の気温はマイナス六度、寒さが原因とてっきり思いこんだ。

年が明けた平成二〇年一月中旬、写真撮り直しのため再び好摩に向かった。短期間のうちに二回も好摩を訪ねるなど夢にも思わなかったが、長旅のかいあり、見事、予定するカットをものにできた（そこまで言うほど大した写真でもないが……）。当日は前よりもさらに強烈な気温で、朝はなんとマイナス一一度。好摩駅待合室のストーブなどはあって無いがごとくで、あまりの寒さに土地の人も震えあがっていた。どうやら、一二月のカメラ不調は、寒さのせいではなかったらしい。

ＩＧＲとＪＲの境界付近の写真に、線路に雪が積もっているカットと、積もっていないカットの二通りがあるのは、この撮り直しが関係している。

本書を発刊するにあたり、わざわざ神戸まで足を運んでいただいた森岡純一氏はもちろん、光文社新書編集部の古川遊也氏にも、大変お世話になりました。ありがとうございました。

所澤秀樹

平成二〇年二月吉日　浅草神谷バー一階の奥の長テーブルにて

【参考文献】

『JTB時刻表』各号（JTBパブリッシング）
『JR時刻表』各号（交通新聞社）
『国鉄監修　交通公社の時刻表』各号（日本交通公社）
『時刻表復刻版〈戦前・戦中編〉』（JTB）
『時刻表復刻版〈戦後編1〉』（JTB）
『時刻表復刻版〈戦後編2〉』（JTB）
『時刻表復刻版〈戦後編3〉』（JTB）
『JR貨物時刻表』各号（社団法人鉄道貨物協会）
『私鉄時刻表　東日本版』各号（JTBパブリッシング）
『私鉄時刻表　西日本版』各号（JTBパブリッシング）
『鉄道要覧』国土交通省鉄道局監修（電気車研究会・鉄道図書刊行会）
『停車場変遷大事典　国鉄・JR編』（JTB）
『駅名事典　第6版』（中央書院）
『JR・第三セクター　全駅名ルーツ事典』村石利夫（東京堂出版）
『JR全線全駅　駅名索引』（『JTB時刻表』2006年7月号別冊特別付録・JTBパブリッシング）
『注解　鉄道六法（平成18年版）』国土交通省鉄道局監修（第一法規）
『日本国有鉄道百年史』日本国有鉄道（交通協力会）
『鉄道百年略史』鉄道百年略史編さん委員会（電気車研究会・鉄道図書刊行会）
『日本の鉄道　成立と展開』野田正穂・原田勝正・青木栄一・老川慶喜編（日本経済評論社）
『日本史小百科―近代―〈鉄道〉』老川慶喜（東京堂出版）
『日本の鉄道』原田勝正・青木栄一（三省堂）
『時刻表2万キロ』宮脇俊三（河出書房新社）
『日本の鉄道120年の話』沢和哉（築地書館）
『私鉄史ハンドブック』和久田康雄（電気車研究会・鉄道図書刊行会）
『都市近郊鉄道の史的展開』武知京三（日本経済評論社）
『鉄道用語事典』久保田博（グランプリ出版）
『七つの廃線跡』宮脇俊三（JTB）
『やさしい鉄道の法規』和久田康雄（交通研究協会・成山堂書店）
『消えた駅名』今尾恵介（東京堂出版）
『鉄道考古学を歩く』浅野明彦（JTB）
『国鉄全線各駅停車―⑤東海道360駅』編集委員宮脇俊三・原田勝正（小学館）
『明治期地方鉄道史研究』老川慶喜（日本経済評論社）
『日本政党政治の形成』三谷太一郎（東京大学出版会）
『日本交通政策の構造』大島藤太郎・蔵園進（新評論）
『明治維新の政局と鉄道建設』田中時彦（吉川弘文館）
『民営鉄道の歴史がある景観Ⅲ』佐藤博之・浅香勝輔（古今書院）
『〈図解〉鉄道のしくみと走らせ方』昭和鉄道高等学校編（かんき出版）
月刊『鉄道ピクトリアル』各号（電気車研究会・鉄道図書刊行会）

所澤秀樹（しょざわひでき）

1960年東京都生まれ。神戸市在住。日本工業大学卒業。重電機器設計、輸出事務、広告宣伝、リゾート開発、市場調査、ビデオソフト製作、医療事務コンサルタント他の職を経て、旅、鉄道を中心とした文筆屋となる。著書に、『鉄道珍名所三十六景（関東・関西編）』『列車愛称の「謎」―列車の名がおりなす数々のドラマ』『駅名の「謎」―駅名にまつわる不思議な話』（以上、山海堂）、『鉄道地図の楽しい読み方』（KKベストセラーズ）、『汽車旅雑学おもしろノート』（実業之日本社）、『鉄道なるほど旅行術』（PHP研究所）など多数。

鉄《てつ》道《どう》地《ち》図《ず》は謎《なぞ》だらけ

2008年3月20日初版1刷発行

著　者―所澤秀樹
発行者―古谷俊勝
装　幀―アラン・チャン
印刷所―萩原印刷
製本所―ナショナル製本
発行所―株式会社光文社
東京都文京区音羽1-16-6(〒112-8011)
http://www.kobunsha.com/
電　話―編集部03(5395)8289　販売部03(5395)8114
業務部03(5395)8125
メール―sinsyo@kobunsha.com

 ISBN 978-4-334-03447-4